Gedichte 1995-2015

Ich brauche Worte, damit ich träume
Ich brauche Sonne, damit ich sehe
Ich brauche Wärme, damit ich spüre
Ich brauche Dich, damit ich lebe.

Gedichte 1995-2015

Niko Papadakis

Lektorat : Helga Papadakis

© 2015 Niko Papadakis
Herstellung und Verlag: BoD - Books on Demand, Norderstedt.
ISBN 9783734735356
Bibliografische Information der Deutschen Nationalbibliothek
Die Deutsche Nationalbibliothek verzeichnet diese Publikation in
der Deutschen Nationalbibliografie; detaillierte bibliografische
Daten sind im Internet über http://dnb.d-nb.de abrufbar.

Inhaltsverzeichnis :

7	Liebe mich, wenn Du mich liebst
11	180 Zeilen
16	Vergiftete Schönheit
22	Andromeda Nebel über Ruinen
26	Jetzt und immer
30	Wirre Gedanken dem Pathos untergeordnet
35	Gedanken um die Gedanken zu verbannen
91	Irene ist tot
101	Die Nacht, die 24 Stunden hatte
110	Ein geheimnisvolles Licht
126	Gedichte vor der Geburt
141	Ein übersprungener Tag
144	Telepathische Mitteilungen
151	Träume töten ohne Warnung
160	Teilvisum zur Vollkommenheit
166	Irgendwo zwischen Realität und Traum
173	Gebete
176	Angst vor dem Morgen
1181	Wo Leben war, wird Leben entstehen
189	Zweite Natur
195	Willkommen bei mir
199	Verbindlich
204	Vordem Endspurt
208	Mythopoetisch
211	So entstehen Gedichte
214	Schwarze Felsen
221	Nichts, was Worte sagen können
225	Es ist nicht wahr
226	Nichts bereuen
232	Einfache Worte
234	Ehrliche Lügen
237	Ja, Du bist es

243	*Du warst meine Ebbe und meine Flut*
246	*Aus der ewigen Sinnlosigkeit*
250	*Vierzehn Sonnensysteme*
256	*Jeder Tag wird abgelebt*
258	*Deine Augen*
262	*Nikos Kazantzakis*
263	*Vielleicht*
272	*Leere Tische*
277	*Das Blau der Nacht*
288	*Ein Arschloch hat Ausgang*
289	*Zwischendurch*
294	*Jannis*
301	*Griechenland liegt im Hinterhof*
306	*Ich erkenne dich an der Klinge*
311	*Die 24 Stunden vor seinem Tod um 20:20*
331	*Die unsichtbare Grenze der Seele*
369	*Inhaltsangabe alphabetisch*
371	*Bisher erschienen*

Liebe mich, wenn Du mich liebst

Liebe mich, wenn Du mich liebst
So wie ich bin
Und nicht, wie mich die anderen sehen.
In Hamburg ist der Schnee geschmolzen
Und die Wände sind mit Marmor ausgelegt.
Es gibt nur Einbahnstraßen
Und die, die behaupten
Die Menschheit geht ihrem Ende zu
Sind dem Tode geweiht.
All Deine Briefe sind noch so
Wie Du sie geschrieben hast
Eine Salve auf die Bundespost
Eine Salve auf all die Diktatoren.
Willkommen in der Willkür
Wage es nicht, jetzt
Mit Lösungsvorschlägen zu kommen.
Liebe mich, wenn Du mich liebst
Als wäre ich der, der ich bin
Oder besser noch
Als wäre ich jemand
Und nicht die Vorstellung von Etwas.
Es gibt nur noch Einbahnstraßen
Und nicht einmal Agamemnon
Würde sich im Labyrinth zurechtfinden.
Der Kapitän geht an Bord
Mit einem Lorbeerkranz.
Frauen links,
Männer rechts,
Eunuchen und Königen: Zutritt verboten.
Eine Ouvertüre ganz in Rot
Viele sprechen schon von Waterloo
Andere vorsichtiger vom Endsieg
Jetzt bist Du am Wählen.
Ist das Nichteingehen einer Bindung
Ein Infragestellen der Zuneigung?
Ich weiß nur eines
Und du weißt es auch
Bis dass der Tod.......... oder wie auch immer

Die Seele eines Gedichtes ist der Schluss
So wie die Sonne
die in die Jauche fiel
Wenn ich die Augen schließe
Sehe ich, was ich brauche
Sehe ich, was ich suche
Die Traurigkeit zwischen den Regentropfen
und den Betrug vor dem Beichtstuhl
Liebe mich, wenn Du mich liebst
In der Straßenbahn genau so wie im Bett
In der Menschenmenge wie in der Zweisamkeit
Ich weiß nur, dass meine Zeit kommt
Und sie wird radikal
Ganz dem Pathos verfallen
Vollkommen von den Fluten bedeckt.
Eluard starb ein Jahr vor
Und Brecht ein Jahr nach meiner Geburt
Und die Glocken spielen um die Wette
Im Binnenmeer.
Aus einem einzigen Gedicht
Kann Revolution entstehen
Und die Kinder
Sie lachen nicht dem Photografen zuliebe
Sie sind die Gefangenen der Freiheit
Die Wiedergeburt des Waldes
Einsam
Als wollten sie alle Menschen umarmen.
Leben möchte ich!
Könnte ich eigentlich jemals davon schweigen?
Das offene Wort ist verriegelt
Und fremde Gedanken
Wurden nie als Gesetz angenommen
So wie das Licht, das immer erlischt.
Wir steigen am Leben empor
Mit einer schwarzen Offenbarung
Und alles andere bunt
Wie die unschuldigen Opfer.
Liebe mich, wenn Du mich liebst
In dieser oder in jener Heimat
Liebe mich wie die Beständigkeit

Zeitloser geht es eigentlich nicht mehr
Und ich stand mal
Mit erhobenem Haupt
wie eine Indianersquaw vor der Vergewaltigung.
In allen entdeckten Zeiten.
Die Jungen werden alt
Und die Alten entziehen sich der Gegenüberstellung
Eine verdrehte Welt, in der wir leben
Die Sätze versiegelt
Und die Tugend bebt.
Es scheint so, als ob ich verstanden würde
Irgendwo wird leichte Zustimmung vernehmbar.
Die Angst breitflächiger
Stirb oder regier!
Verzaubere mich zum Leben
Erzwinge die Verschleierung
Es floss schon so viel Blut
Mehr als beim Patentanwalt vorgesehen.
Liebe mich, wenn Du mich liebst
Und Dein Wille sei der meine.
Es gibt keine Städte mehr
Es gibt keine schweigenden Sonnen
Die warten
Radikalität breitet sich aus.
Aufs genaue geprüfte Anarchie.
Revolte
Befreiung.
Es gibt keine Ängste mehr
Keinen Unfrieden
Es gibt keine Grenzen mehr
Nur die Liebenden.
Die Toten kommen zurück
Die Unterdrückung ist Stein und Glut
Und die, die uns zeugten
Erkennen uns in sich.
Die Garderobieren stehen vor leeren Gängen
Und die Flamencotänzer ruhen sich aus
Fast könnte man meinen
Die Offenbarung naht.
Liebe mich, wenn Du mich liebst

So wie ich Deine Hände liebe
Diese schönsten Hände
Die nächtlichen Verließe
Der Traum der Schönheit
Ist nicht nur von Bunuel geträumt
Und die, die lächeln
beanspruchen keine Flügel.
Die Wirklichkeit als Statussymbol.
Blasse Steine sind
Für an Tuberkulose erkrankte Steinmetze
Um kastrierte Skulpturen herzustellen.
Weißt Du eigentlich, wo ich aufgewachsen bin?
Zwischen Tomatensaftgeruch
und Kohlenstaub
Inmitten Schweißbächen.
Heute bin ich wieder dort vorbei
Wie unbestechlich doch die Zeit.
Mein Schritt wird langsam müde
Und aus den Fensterscheiben wachsen Federn
Du nahst
Dein Gang wird bebender
Wir reden jetzt nicht von Physiognomien
Nicht von mir
Bin ich nicht Vorbild genug
Muss ich noch auf die Ersatzbank?
Fast hättest Du
Idiotische Gedichte
Zu meinen Gedanken gesagt
Gib es zu!
Oder strafe mich eines Besseren
Dann bin ich niemandem schuldig
Meine Daseinsangst zu erklären.
Liebe mich, wenn Du mich liebst
Mit all Deiner Macht
Und alles andere
Wird mit
Oder wider Willen
Ein undurchdringliches Leben.

180 Zeilen, manchmal mehr, fast immer weniger

Dies ist das einzig Mögliche
Geständnis, oder was auch immer
So hat man sie
Uns
Ihn
Und Dich hergebracht
Nun lebt in Frieden
Wobei das Wort " Frieden " in diesem Fall
Großgeschrieben wird.
Die Sternenträger in Dachau
Oder die Bajuffen vom Bahnhof
Zusammen in einem Knobelbecher
Wer wirft die meisten Augen?
Ob auf dem Stapler im Großmarkt
Oder als Bananenverkäufer vor dem Zoo
Manchmal auch nur ein flüchtig
Unüberlegtes Wort:
" Du nicht ! "
Viele nennen es Traurigkeit
Andere Tristesse
Mir fallen keine Worte ein
Nicht einmal für ein Gebet.
Der Schrei der Befreiung folgt
Was für ein glorreicher Tag
Und der Betrug dient als Mittler
So spielen wir mit Puppen
Zwischen den Lagerhallen und dem Müll.
Die Pflicht, Recht zu haben
und das Recht, Pflicht auszuüben
So steh ich da
Nackt an Gedanken
Tatenlos.
Das was ich bekämpfe ist die Ungleichheit
Nicht die Geborgenheit
Die gibt es nicht einmal im Bett.
Meine Kinderjahre
Und meine Jugendjahre

Wie trauere ich ihnen nach
So auf den Discount geworfen
Wie zwei Paar Socken
zu Einsfünfundneunzig.
Alles was ich kenne
Und alles was ich kann
Weniger als ein Tropfen
Und doch eine Sintflut
So lasst mir wenigstens meine Einbildung.
Das Wort Ausweg
Wird in das Wort Unordnung umgewandelt
Und die Hoffnung dient als Mittler
Wobei ich Whisky niemals pur trinke
Nur mit der einen Ausnahme
Damals.
Ich bin einfach nicht das was man in mir sieht
Ich erfreue mich an Eluard
Und ertrinke in Sentimentalität
bei Filmen Sirks.
Die Sonne mag ich und den Mond
Die Ruhe und den Frieden
Und über allem Dich
Ist die Welt nicht so, wie wir sie sehen?
Und ist das Kind dort wirklich tot
Oder posiert es nur
Dem Photografen zuliebe.
Seit Tagen habe ich einen Schmerz
Den ich nicht entziffern kann
Und einen Traum
Von Indianer und Astronauten
Die um die Wette Cola trinken
Und bei McDonalds den Girls nachschauen
Wie sie die Fußböden ablecken.
Der Weg ist doch weit
Keiner rechnet mehr mit den Schlagbäumen
Oder mit den lispelnden Zollfahndern
Erst nach zwanzig Jahren
So wie im Traum
Oder gar nach einem Bombenangriff.
Verdammt noch mal, mir geht's nicht gut.

Soll ich auf Bierzelt-Stimmung umschwenken
Soll ich Halleluja schreien
Wenn Götzenanbetung näher liegt.
Die Musik ist längst verklungen
Die Stichflammen sind am Ertrinken
Und der, der hinter der Mauer lauert
Schlägt den Heimweg ein
Freunde sind rar
Und eine erfolgreiche Flucht
Gelingt nicht immer.
So lass mich das ausdrücken
Was ich zu erkennen glaube:
--- Die Farben sind wieder einmal künstlich
--- Die Werbung einfallsloser
--- Die Alten immer älter
Ist das nicht schön so.
Der Natur eins auswischen
Quecksilber als Frösche anerkennen
Und Boy Gobert applaudieren
Wenn Cyrano zitiert wird.
Worin besteht der Unterschied
Zwischen einem Eisenbahnwaggon erster Klasse
Und Hühnermist.
Oder
Weshalb wird die Dreigroschenoper
Nie in Salzburg aufgeführt.
Es ist noch etwas an Sauerstoff vorhanden
Bitte der Reihe nach anstellen
Und Ordnung bewahren
Das Exekutionskommando besteht schließlich
Auch nur aus Menschen.
Dies ist das einzig Mögliche
Sterben oder sich dem Tod weihen
Die Straßenlaterne flackert
Und die Nächte die wir durchmachen
Eignen sich nicht
Um unsere Agonie zu überwinden.
Ein Niemand im Niemandsland
Mit der Weisheit der Unwissenheit
So wie die

Die aus Neugier töten
Ohne die Hoffnung zu kennen.
Die Schatten werden ihr Schweigen bewahren
Und ich zeige Dir alle Gesichter
Der Reihe nach
Wenn wir uns vor dem Spiegel neigen.
Es gibt so viele tote Straßen
Und die vergessene Jugend kämpft
Um ihre Anerkennung.
Es ist so leicht eingebildet zu sein
Leichter noch als Untreue
Und Treulosigkeit heißt oft Einbildung.
Irgendwann mal habe ich die Wellen beobachtet
Du dachtest ich würde schlafen
Die zeitlose Sonne bekräftigte Deinen Verdacht
Wir verkürzen unsere Tage
Um dem Alter zu trotzen
Erkaufen uns Ablässe
Und irren ins Ungewisse ohne Kommentar.
Dies ist das einzig Mögliche
Wirr und aufs Kleinste vorbereitet
Die ganze Stadt spielt mit Wasser
Und die Kinder hüllen sich in Kokons ein.
Die Zeit der Arche naht
Und die Intellektuellen haben Schlussverkauf.
Das Ganze
Als eine Art Irrtum ansehen
Und sich im Fernsehsessel
Aufs Verdummungsquiz vorbereiten.
Ich bin doch ungeschickt mit der Wahl
meiner Worte
Und da es jetzt schon wieder graut
Meine ich
Dass wir endlich versuchen sollten
Den Koloss wieder aufzubauen
So wie einst.
Wir hungern nach Bestätigung
Greifbar ist nur die Verachtung
Die Tänzerin auf der Bühne
Ist nicht über Nacht zum Star erkoren.

Zwischen Menschen und Steinen
Gab es einmal viele Unterschiede
Heute gleichen sie sich
Wie verregnete Sonntage.
Sicherlich gibt es irgendwo noch Pflanzen
Der gelähmte Gärtner
Du weißt doch, der, der die Rosen züchtete
Er lässt sich nicht so schnell abschieben.
Und der, der den Tod leugnet
Opfert sich vorbehaltlos
Der Gleichgültigkeit.
Laß uns
Uns
Die Worte bedenken ohne Scheu
Nacktsein
Lieben ohne Rechenstab
Und die Schlüssellöcher zumauern.
Laß uns siegen
Über die Farben und die Gipfel
Komm herein zur Tristesse
Um Freiheit zu erlangen
Um Ewigkeit zu spüren
Mit einem Doppelgänger
Oder einem Wort.
Ich habe gelogen als ich behauptete
Dass die Straßenlaterne flackert
Sie ist längst erloschen
So wie alles.

Vergiftete Schönheit

1   Bin so erleichtert nach dieser Nacht
Bin auf einmal vollkommen.
Im wahrsten Sinn vollkommen.
Dort wo die Sonne aufgeht
Gibt es nur noch Asche.
Bin so erleichtert nach dieser Nacht
Und meine Gedanken
Kreisen nicht mehr um die Selbstaufgabe
endlich reif!
Endlich!
Oder willst Du mir vielleicht widersprechen?
Tu es ohne Hemmungen
Deine Worte sind jetzt
Nur noch Stelzen zur Unterwelt.
Dort wo man den Tod vermutet
Blühen unendlich schöne Blumen.
Bin so erleichtert nach dieser Nacht
Ein Wikinger ohne Schiff
Ein Judas ohne Baum
Ein Noah ohne Arche
und so vollkommen.
Dort wo man Gebote aufzwingt
Regiert die Unwissenheit.
Gebote sind da, gebrochen zu werden
Es lebe die Anarchie.

2   Die Schönen sind gut
Die Hässlichen sind böse.
Ich möchte schön hässlich sein.

3   Ratschläge verachte ich aufs äußerste
Nur einmal hörte ich aufmerksam zu
Da sagte mir einer:
"Das Vollkommene ist
zwischen den Beinen einer Frau."

4   Besessen vom Bösen
Und glücklich bis in das Unendliche
Keine Hemmungen
kein Gewissen
unendlich, Phantastisch.
Den Armen Arschtritte geben
Die Alten umstoßen
Die Frauen als Nutztiere betrachten.
In feine Lokale spucken
Auf offener Straße Haufen legen
Autos mit Nägeln verkratzen
Tiere misshandeln
Ekel sein
Einfach wunderbar Böse
Um das zu genießen
Von dem ich nur träume.

5   Heute ist wieder so eine Nacht
In der ich nicht schlafen kann
Geschweige, an Dich denken.
Es ist so eine Nacht
In der man sich getrost umbringen kann
Ohne Hemmungen zu haben
Dass man es später bereut.

6   Einmal habe ich mit einem Fernglas
Zwei Stunden lang
Die Ziegelsteine auf der Vorderfront
Eines alten Hauses gezählt.
Ein anderes Mal wollte ich
Zwanzigtausend Wellen beobachten
Es dauerte über drei Stunden.
Dann traf ich Dich
Gestern war der sechzigste Tag
Unserer Trennung
Wir schliefen über zweihundert Mal zusammen
Ich kann mich jedoch nur an ein einziges
Mal erinnern
Zum Vergleich jedoch
An all die Ziegelsteine und Wellen.

7   Es war sehr unklug von Dir
Mich so zu behandeln
Du überdimensional dumme
Frau
Du wärst die einzige
Die mich regieren könnte.

8   Immer, immer wieder
Sehe ich Dich vor mir
Beim glücklichen Beisammensein.
Und hier muss ich eingestehen, das gab es!
Immer, immer wieder höre ich Dich sagen:
"Du, es gibt nur Dich."
Und es tut weh
Dich jetzt so fern zu wissen
So fern und so unbeholfen
Und dann dieses:
"Du, es gibt nur Dich."
Und Dein: "Nein"
Es gab Dich einmal
Wie Scheherazade gab es Dich
Wie den Geist der Lampe
Immer, immer wieder
Sehe ich Dich und wiederhole
Du warst mein Lehrer
Und wiederhole und wiederhole
Du bist mein Schüler
Und wiederhole und wiederhole
es war so schön
Wieso verfallen Menschen
immer ihrer Dummheit.

9   Ich weiß
dass ich mein Leben lang
Sklave einiger Erinnerungen sein werde
Und da ich nicht gern zum Friseur gehe
Lass ich mir von der Guillotine
Die Haare schneiden.

10   Und dann entschloss ich mich, nach fast
Tausend Jahren zur Erde zurückzukehren.
Ich fand Dich wie immer in unserem Zimmer
Der kleine Tisch, das große Bett und ein
einziger Stuhl. Alles war noch da.
Ich fand Dich wie immer über den Fernseher
Gebeugt, auf mich wartend
"Wie dumm sie ist", dachte ich mir
Und ließ als Andenken einen Hauch
Meines Körpergeruchs zurück.

11   Du hast mir fast acht Monate
Von Deinem Leben geschenkt
Heute bist Du fort
Und alte, abgewrackte Idioten
Fassen Dich an und meinen
Du hättest eine große Zukunft vor Dir.
Ich werde Dich nicht um Rückkehr bitten
Wenn Du kommen willst, wird die Tür offen sein
Bedenke aber nur das eine:
--Wenn Du Dich jemand anderem gegeben hast
indem Du an mich dachtest,
Dann bleibe dort, wo Du bist
Eine Judashure
Bei Pharisäern.

12   Wenn ich betrunken bin
Erzähle ich meinen Freunden
Von Dir
und wie sehr Du mir fehlst.
Ich denke mir wunderschöne Geschichten aus
Tricks, wie ich Dich überlisten kann
Zu mir zurück zu kommen.
Welch ein Glück,
Dass ich selten so betrunken bin.

13 Ich kann mir wirklich nicht vorstellen
Wie Du Dich einem anderen geben kannst.
Komm zu mir, wenn Du Hilfe brauchst
Kannst Du Dich noch erinnern?
Ich war Dein erster Mann
Und nahm Dich mit all der Kunst
Die nötig ist
Möchtegern-Jeanne d'Arcs zu nehmen
Ich war Dein Lehrer und ich bin nur noch
Irgendein altes Photo.
Du aber stolzierst abends auf dem Omonia
Und kassierst dreihundert Drachmen
Für jede Rückenlage.

14 Jetzt regnet es mal wieder
Wenn Du hier wärst
Würden wir unsere Regenmäntel nehmen
Um spazieren zu gehen
Du würdest Dich an mich festklammern
Und ich Trottel wäre dabei glücklich.
Wie gut, dass Du nicht da bist
Denn ich hasse den Regen.

15 Früher war ich viel jünger
Früher war ich viel schöner
Früher war ich viel lustiger.
Früher war ich gescheiter
Gesellschaftsfähiger
Früher war ich angesehener.
Früher jedoch
War ich nicht so gut bei den Frauen
Ich möchte nie wieder
So wie früher sein.

16   Einmal hattest Du mich sehr getroffen
"Traumpoeten" nanntest Du mich
Du sagtest, ich würde nie
Das, was ich schreibe, an den Mann bringen
Wie wenn meine Gedichte Kartoffeln wären.
Du sagtest: "Jeder kann schreiben, nur nicht du."
Geliebte
Verzeih, Ex-Geliebte
Ich schreibe nicht, um berühmt zu werden
Ich bewundere Cohen, Jewtuschenko, Wecker
Und all die vielen, die ihre Gefühle in Reimen
Ausdrücken
Ich aber
Der nicht schlafen kann
Der nicht wachen kann
Ich versuche, meine Gedanken festzuhalten
Zwischen Zeilen
Um mein Spiegelbild zu betrachten.

17   Ich gönne mir Heute
Einen ruhigen Abend
Ich lass mich verwöhnen
Indem ich nicht an Dich denke.

18   Verzeih mir
Wir haben ein Jubiläum
Sechzig Tage sind vergangen
Verzeih mir
Wenn ich böse war und ungerecht.
Verzeih mir
Wenn ich Dinge ansprach, die nur uns was angehen.
Komm, laß die Schwalben frei
Komm aus dem Raum
Der unser Gefängnis war
Verzeih mir
Bitte
Und ich werde Dir ein Leben lang huldigen
Du verkommenes Objekt des Hades

Andromedanebel über Ruinen

1   Du nanntest mich
Naiv und durchschnittlich
Und dachtest, Du könntest mir helfen,
vergiss es!
Versuche nur zu erkennen, was wir sind
Während der Dauer eine Kusses
Oder einer Zigarette
Und wenn Du die Vergangenheit spürst
Erschrick nicht über Dein Nacktsein.

2   Vieles sieht anders aus
Wenn man darüber spricht
Und Einsamkeit
Lässt sich nicht mit Tanzen verdrängen
Umschlinge mich
Ich bringe Dir mein Blut
Um Deine Füße zu waschen.

3   Du siehst
Du wirst gesehen
Du fragst
Und schon ist es passiert.
Du liebst
Du wirst geliebt
Du schreist
Und alles ist vorbei.
Du gibst
Dir wird gegeben
Du lachst
Und alles scheint ein Traum.
Du weinst
Du wirst verspottet
Die Einsamkeit ist wieder da.
Sinnlosigkeit, genannt auch Liebe
Geh!

4   Du hattest Angst
Und ich hatte Angst um Dich
Und Du dachtest
Gemeinsam könnten wir die Geister vertreiben.
Irgendwo dort
Habe ich mich verloren
Als mir bewusst wurde
Dass ich es nicht sein kann
Der in deinem Horoskop beschrieben wird.

5   Du willst Leben
Und alles andere ist zweitrangig.
Die Straßen, die Du gehst
Öffnen sich wie Tulpen
Du gehst dem Leben zu.
Wie andere zum Opfertisch
Und schreist, um ungehört zu bleiben:
"Ich bin glücklich!"
Du träumst die ersten Sonnenstrahlen
Ohne Poesie
Und man schaut Dich an
Indem man Dich vergisst.
Du willst Leben
Und alles andere ist zweitrangig.

6   So plötzlich erlosch unsere Liebe
(Wenn es eine war)
Wie ein Streichholz, wenn Du eine
Zigarette anzündest.
Ich denke an früher
Und spüre keinen Schmerz
Nur dass mir alles
Einfach alles
Schlecht inszeniert zu sein scheint
Wenn ich nach vier Jahrhunderten
Als Schneeflocke verkleidet
An Deine Tür klopfe
Dann öffne mir nicht
Bevor ich Dir nicht verziehen habe.

7   "Ich verstehe", sagtest Du
Und verlangtest eine Kopfschmerztablette
Die ich natürlich nicht bei mir hatte.
Dann sprachst Du von dem Zifferblatt
Einer Eieruhr, und dass in Hongkong
Eine neue Pizzeria eröffnet wurde.
Du warst über die Eisenbahnverbindungen
im Süden der USA erbost
Und erklärtest mir, wie man Forellen in Japan isst.
Dann warst Du eingeschnappt, weil Du keinen
Einlass in der Schwulenkneipe fandest.
Ich fragte Dich, wir es Dir geht
Du sagtest: "Gut, wieso, gut geht es mir"
Dann gingst Du wieder
Richtung Irgendwo
Mit dem Sonnenlicht auf Deinen Haaren.

8   Ich möchte einmal
Wieder kommen können
Ohne Gerede von Warum und Wieso
Ich möchte einmal
Dich besuchen
Ohne zuvor über Mondgestein zu stolpern.

9   Du hast einfach noch nicht
genug geweint
Weil Du noch nie das Meer gesehen hast.
Manche tragen die Liebe wie einen Strauß Blumen
Andere in der Geldbörse.
Öffne Dein Fenster kurz nach acht
Und dann kannst Du
Die Hinrichtung live miterleben.

10   Wir hatten uns
Im Park getroffen
In einer Zeit
In der Cowboys nur noch Legende sind.
Auf den Bänken liebten sich die Pärchen
und Kriegsblinde sammelten Almosen.
Ein Toter bewegte sich im Walzertakt
Und Du fragtest mich über Filme aus.
Die Antwort jedoch ließ uns keinen Spielraum
Die Lichter gingen aus
Der Vorspann begann
Und ich begriff all die
Die ihre Abenteuer in der Badewanne erleben.

11   So wie Du mich fandest
Hast Du mich auch verloren
Und mein Tod ist niemandem von Nutzen
Außer einigen
Vom Typ Sam Peckinpahs
Zu meinem Begräbnis komm bitte in Weiß
Tanze durch die Straßen wie eine Chinesin
Ich möchte Dich strahlen sehen
Wie die
Die Frohsinn und Schönheit
Als eins betrachten.
Es ist jetzt Zeit
Schalte den Hauptschalter auf Null
Jetzt kommt unser erster Traum
Joe Dante hat ihn inszeniert
Tierisch.

Jetzt und immer, ein ewiges Missverständnis

1   Vertrauen heißt das Wort
Das ich schon immer suchte
Rücksicht das andere.
Wild sind die Berge
Herb die Blumen
Wie verlassen sie doch wirken.
Die wunderbarsten Worte
Wie selten welche
Werden nie ausgesprochen
Somit ist unser Schweigen
Der erste Schritt zum ewigen Glück
Laß mich die Blicke suchen
Zwischen Trümmern
Vertrauen wir der Rücksicht
Und unser Vorhaben ist auserwählt.

2   Der Cellist hatte es Dir angetan
Mir die Sopranistin
Jede graue Insel ängstigt uns
Und im Namen der Morgensonne
Opfere ich Dir meine Liebe.
Siehst Du wie einfach es ist
Grüßen
Bekunden
Verabschieden
.... sie werden hiermit.................
.... geladen.....................

3   Ingrid geht Richtung Maschine
Humphrey hat den Hut tief im Gesicht
Das - ENDE - ist nicht fern.
Vorausgesetzt, die Bilder ändern sich
Vorausgesetzt, der Baum beginnt zu sprechen
Vorausgesetzt, das Flugzeug wird zum Puppenhaus.
Realitätsfremd
Wie jeder Kuss auf Zelluloid.

4   Und an diesem Tag
an dem Du mich zum ersten Mal
Wie einen Mann gesehen hast
An diesem Tag
Als uns der Widerhall erblindete
da waren wir
Nur wir.
Es gibt keine Rätsel mehr
Außer der Schöpfung.
Und an diesem Tag
Als ich mich suchte
An diesem Tag
Als die Begierde nichts mehr war
Da waren wir
Der offene Himmel
Mit freien Gedanken
Freien Händen
Freien Entscheidungen.

5   Soeben dachte ich wieder an Dich
Und mein Handeln ängstigt mich
Wir warten auf das Morgen
Mit dem Feuer in der Hand
Das Leben
Gut
Das Mysterium
Auch gut
Das Wunder jedoch
Immer noch unüberblickbar.
Die eine Tänzerin geht mir nicht aus dem Sinn
Ihr Schatten
Und alle Liebesnächte werden wahr.
Selbstmord ist nichts für uns
Loyalität wäre angebrachter.
Erhabene
Du glaubtest, allein zu sein
Dasselbe dachte ich auch
Und als Resultat
Werfen wir die Fehdehandschuhe.

6   Mein Blut hat die Farbe der Sonne
Die Farbe der Liebe und der Freiheit.
Nehmen Sie bitte Platz
Lassen Sie uns das Bündnis schließen
Zwischen Ängsten
Und versuchen, das zu verstehen
Was ich nicht sage.
Ich werde schreien
Damit man nach meinem Tode merkt
Dass ich am Leben war.

7   Elf Türen links
Sieben rechts
Fünf Leuchter
Zwei verschlossene Fenster
Ein undurchdringlicher Gang
und dann die Wanduhr.
Zwei sprechen miteinander
Viele schauen sich stumm an
Spezialeffekt
Die zehn und die zwölf
Und zwanzig weniger als das zwanzigste Jahrhundert
Acht Uhr Dreißig
Sonnenfinsternis
Es ist vollbracht
Nichts hindert mich nach Hause zu gehen.

8   Gäbe es nur Dich
Und gäbe es nur mich
Gäbe es schon alles.

9   Halbwahr waren die Worte
Wie die Mühlen
Oder die Lichtreklamen
Es kommt schon unsere Zeit
Der Tag ist schon bestellt
Und den werde ich auskosten
Wie jedes Deiner grauen Haare.
Wie ewig doch die Liebe wirkt
So eine Art Prolog
oder ein Gelöbnis an die Macht
Wie man es Dir anriet
Damals
Bevor Du meine Existenz kanntest.
Das Licht ist da, um die Dunkelheit zu besiegen
Der Frühling als Wiedergeburt
Und auf den Stufen des Hades
Wächst eine Knospe der Hoffnung
Als sei alles
In Antworten gefasst.

10   Was ist schöner
Der Anblick der Geliebten
Oder
Einmal Gott zu sein.
Die Wiederholungen sind im Gange
Und meine Erinnerungen wandern zurück
Ich verspreche, ein guter Gott zu sein
Hinfällig
Aber behutsam.
Geboren wurde ich hinter Ruinen
Und meine Sprache
War seit je her
Die eines Überwinders"
Gebt mir viereinhalb Jahre
Und ihr werdet mich nicht wiedererkennen

Wirre Gedanken dem Pathos untergeordnet

Schweig!
Durchleide keine Worte.
In den Dünen ist immer Windstille
Und unser Egoismus reicht nicht
Ständig die Macht zu beanspruchen.

Ist es nicht so,
dass unsere Liebe Gewitter braucht?
Komm näher
schau mir tief in die Augen
und denk an das Meer.
Warum sprichst Du eigentlich nie vom Frieden?

Das Kerzenlicht ist Dein Zuhause
und Du durchwanderst Dein Reich
mit endlosen Kriegslisten.

Oft finden wir uns in der Vergangenheit,
und das Heute ist nur ein Vorbeimarsch.
Nein, sag bitte nichts,
lass mich Dein Photo so betrachten
wie damals, als Du noch weit entfernt.

Gestern wollte ich Dir Blumen kaufen,
einfach so,
doch ich fand keine, die zu Dir passen,
Du brauchst keine Ebenbilder.
Manitou hätte gern solche Krieger

Ich denke gerade
über unseren ersten Abend nach.
Was hattest Du,
das mich so zu Dir zog?

Es gibt zwei Arten, um sich einen Mann
zum Untertan zu machen:
Die Eine ist, zu lassen, wie er ist

die Andere ist, seine Interessen bejahen.
Du hast beide Gaben,
vielleicht bin ich Deiner nicht würdig.

Jeden Tag erlerne ich Dich neu
und wenn wir uns fremd wären,
würde ich Dich auf der Straße ansprechen,
denn Du bist mehr als nur eine Frau.

Aus dem Radio höre ich Dein Lieblingslied.
Es ist schon phänomenal
wie Du durch Deine Abwesenheit
dieses Zimmer bewohnst.
Bald kommst Du wieder
und die Zeremonie des Wiedersehens
ist wie das Beenden einer Odyssee.
Du Ewige.
Du stets Neue.

Ich glaube es schneit wieder,
der Schnee war einmal unser Mittler,
weißt Du noch?

Hast Du Dich schon einmal im Schlaf beobachtet?
Wie auch?
Ich möchte es beschreiben:
Wenn Du träumst, erinnere ich mich
an all das, was für mich lebenswert ist.

Ich dagegen träume immer von einem Mohnfeld,
riesig
endlos.
Nur Mohnblumen und dazwischen Du
als Königin oder Göttin,
vielleicht auch nur als ganz normale Frau.
Wähle und bestimme,
und dann regier!

Ein anderer Traum ist es,
in einem Staat, der Deinen Namen trägt, zu leben,
in einer Stadt mit Deinem Namen,
im Stadtteil mit Deinem Namen
In der Straße.......

Baudelaire war besessen
Rilke genau so.
Erst durch Dich
verstehe ich sie jetzt.

Seit ich Dich kenne
habe ich keine Widersacher.
Und die, die mich verachten,
betteln um Freundschaft.

Ich bedaure nichts
und habe die Kraft
zu Fuß all die Wege zu gehen
die zu Dir führend wieder hier ankommen.

Viele halten sich für geborene Verlierer.
Andere, darunter zähle ich mich,
verlieren Imitationen
um Hochkarätiges zu gewinnen.

In mir ist alles so grau
und nur der Glanz Deiner Augen
erhellt die Finsternis meiner Seele.
Ich erkenne Dich in jeder Frau
wie eine Mohnblume
oder einen Heroinsüchtigen
es gibt nur Dich
sonst gibt es nichts,
die Sonne vielleicht noch
und dann ist Schluss.
Und Du gibst Dich mir hin
mit all Deiner Pracht
und ich kann
Dir nur die Ehrlichkeit meines Herzens bieten

bis alles erlischt
und noch darüber hinaus.
Manchmal kommt es mir vor,
dass Du Dich meiner schämst
Du hast ja recht,
Bettler sollen sich vor Königen verstecken
vergiss dabei nicht,
dass Bettler das Königreich verteidigen.
Selbstsicher sein
heißt nicht Alleinherrschaft beanspruchen.

Es gibt Straßen, die nur für Dich da sind.
Genauso wie es für Dich den Frühling gibt.
Es gibt Menschen die kein Nachtbett haben,
andere züchten Tauben auf dem Dach.
Vergiss nicht,
wer kein Brot hat, hat Träume,
wer keine Wärme spürt, hat Hoffnung.
Alles das wird mit den ersten Sonnenstrahlen
sichtbar.
Dein Photo jedoch
Ist immer noch auf meinem Schreibtisch.

Ich glaube, dass ich auf Gott eifersüchtig bin.
Er kann Dich immer sehen,
mir bleibt nur der Rest.

Du gehörst nicht zu den Frauen
die behaupten, Männer hätten kein Gefühl.

Es gibt Tage, die immer da sind
Augenblicke, die alles entscheiden
und als ich nahe der Verzweiflung war
warst Du es, die mir die Hand reichte,
warst Du es, die mich annahm,
warst Du es, die mich hielt.

Du Vollkommene !

V - wie Virtuosin
O - wie Odem
L - wie Leda
L - wie Leben
K - wie Kaptaube
O - wie Oriflamme
M - wie Milchstraße
M - wie Mirabella
E - wie Erhabene
N - wie Nereide
E - wie Einzige.

Schweig!
Sag bitte nichts.
Vertraue der Liebe
Vertraue der Institution des Pathos.
Träume wirr
Und lebe bewusst.

Gedanken um die Gedanken zu verbannen

1. Begrüßung

Alle meine Freunde grüßen mich
Groß und Klein umarmen mich
Die Bäume verbeugen sich zum Gruß
Grüß Dich.

Die Vögel bringen mir ein Lied
Alte Männer ziehen ihren Hut
Junge küssen mir die Hände.
Der Regen erlischt wenn er mich sieht
Grüß Euch!

Meere toben zum Zeichen der Freude
Boote schwimmen um die Wette
Ein Fischer, ist es Santiago?
Erhebt seine Hand zum Gruß
Grüße von Ernest ruft er mir zu

Ich wandere zwischen schwarzen Mauern
Mit den Sonnenstrahlen im Labyrinth
Und bin allein.

2. Ich weiß nicht warum

Die Sonne strahlt um Mitternacht
Die Menschen freuen sich für nichts
Die Vögel bauen ihre Nester.

Der Wind spielt zärtlich mit den Bäumen
Kirchen laden zum Gebet
Kinder spielen ohne Streit.

Die Alten reden von „damals"
Die Verliebten küssen sich
Ich weiß nicht warum.

Die, die ich liebe, ist nicht hier
Die Herzen kalt
Die Liebe wird aufs Nebengleis gestellt
Ich weiß nicht warum.

3. Die Sonne

Wenn Du die Sonne fangen willst
Ziehe Dich gut an
Strümpfe
Hose
Hemd
Schuhe
Gehe den Weg, den Du kennst
Klopf an die Tür, von der Du träumst
Und wenn sie sich öffnet
Trete ein
Und umarme Deine Liebe.

4. Verwelkte Schönheit

Mitten in einem See
Schwamm eine Ente
Beschützt vom eisigen Wasser.

Als ich sie sah
Begrüßte ich sie mit einem Lächeln
Nahm den nächsten Stein
Und warf ihn nach ihr.

Beim Aufprall des Steins
Durchzuckte mich eine stumme Entrüstung.

Die Ente schwamm dem Ufer zu
Der See war grün
Nur grün sonst nichts.

Die Schönheit verwelkte.

5. Man belog mich

Man belog mich
Und verließ mich wie eine Wolke
Auf deren Flügel die Gutmütigkeit haust.

Jahre der Suche
Steine, die sich ähneln
Als wären sie Blumen.

Wenn ich das Bild im Herzen betrachte
Erscheint etwas Theatralisches
Aus der Ferne vernehme ich ein Echo.

Ich oder wer
Welcher
Ich möchte es einmal schaffen
Verzeihen zu können.

6. Schatten

Schatten und Licht
Blumen und Vögel
Bäume als Tiere
Hass, getränkt mit Liebe.

Ich bin nicht stark
Trotzdem existiere ich
Mit einem Monolog als Glücksboten.

Vorsichtsmaßnahme als Engelsgesang.

Mit meinen Fehlern besiege ich die Angst
Und das Träumen
Ist mein größter!

7. Der Falle entwischt

Gedanken, Mordgedanken
der Falle entwischt.

Man empfing mich mit allen Ehren
Und meine Ungeduld
War die Farce eines Clowns.

Später nannte man mich Spion
Und ich begann es zu glauben.

Die Fundamente des Lebens
gedeihen im Ozean der Verstoßenen.

Und in der Oase der Erinnerungen
bezweifle ich, ob
mich meine Ahnen wieder erkennen.

8. Komm näher

Komm näher, komm näher
Ich hörte mein Echo, das mich zum Abgrund rief.

Meine Träume verdanke ich der Unterwelt
Als Gegenleistung beschmiert man mich mit Teer

Komm näher, komm näher
Ich küsse den Teufel
Der als Dank mein Blut trinkt.

Meine Augen erkennen mich nicht
Und es riecht nach Rauch.

Im Feuer verbrennen Äste
So morsch bin ich.

9. Asbest

Wie Asbest
Gebete in Aluminiumfolie.

Es erklang ein geheimnisvoller Gesang
Hexer
Tanzen ihren Tanz.

Einen riesigen, gelben Turm
Sieht man aus der Ferne
Die Sonne besteigt wie ein Liebhaber
Den schwarzen Himmel.

Das Skelett meiner Seele sucht mich
In der Menge

Das Feuer wird zu Asche
Asche zu Staub
Staub wie Asbest.

10. Frei von Angst

Bevor ich sterbe
Möchte ich der ganzen Welt
Das, was mich bewegt, erzählen.

In meinem Grab liege ich dann allein
Und zum ersten Mal in meinem -- Sein --
Bin ich frei von Angst.

11. Ehre

Halte dich an die Familienehre
Halte dich an die Traditionen.

So setzte man mich in die Welt
Wie eine sinnlose Injektion.

Mein Bauchnabel war die Bindung
Die Zivilcourage der Appell zur Flucht.

Ungezwungen kehre ich
Zum Wandbild der Revolution
Und zeichne mit meinem Blut
Ein einziges Wort.

12. Ich verließ Dich

Ich verließ Dich, weil ich Dich liebte.

Ich ging von Dir,
weil mir klar wurde
Dass eine Liebe Tränen braucht.

Der Abschied beginnt
Mit der ersten Träne.
Und wer denselben Fehler wiederholt
Ist ein Idiot.

Ich bat Dich, Dich zu ändern
Und beobachtete aus der Ferne die Hinrichtung.
Manche werden alt.
Auf andere Weise.

Bitte ändere Dich
Bleib nicht wie ich.
Sonst verlierst Du alles
Was das Kämpfen lohnt.

13. Und es ward geschrieben

Es sind fast zehn Jahre vergangen
Als mich einer fragte:
„Wo geht es hier zum Friedhof?"

Ich kannte ihn nicht
Und entzog mich einer Antwort.

Nach drei Wochen sah ich ihn wieder.
Er fragte mich dasselbe.
Wiederum gab ich ihm keine Antwort.

Irgendwann später
Sah ich sein Bild in der Zeitung
Ein unbekannter Toter wurde gesucht

Seit damals fragte mich keiner mehr
Nach dem Weg zum Friedhof.
Diesem Mann jedoch
Begegnete ich des Öfteren im Traum
Und heute sind wir Freunde.

14. Flucht

Ich möchte mich befreien
Von dieser bedrückenden Finsternis.
Ich möchte meine Träume in den Himmel tragen
Möchte glücklich sein.
Nicht nur in der Phantasie.

Ich möchte wieder einmal lachen
Wie früher.

Ich möchte mich befreien
Von den Ketten der Vergangenheit
ich erinnere mich an unser letztes Rendezvous.
Wir sprachen von Liebe und Vergessen.
Von Liebe
Und Vergessen.

Ich möchte mich befreien von Dir
Dennoch ist es so
Dass wenn ich meine Hand ausstrecke
Ich Dich bei mir spüre

Tausend Abende bist Du in mir
In tausend Träumen
Tausend Sommer erlebten wir
Und flogen wie die Schwalben um tausend Welten.

Ich möchte mich befreien
Damit ich begreife
Wie mich die Erinnerung am Leben hält.

15. Das Verblüffende

Es ist immer wieder verblüffend
Wie man schon nach zwei Bier
von Liebeserlebnissen erzählen kann
Man schildert die Liebeskunst
Und kokettiert
Mit Einzelheiten.

Es ist immer wieder verblüffend
Wie sich manche
Als Liebesmaschine ansehen
Eine Zahl nennen
So viele habe ich schon umgenietet --
Es wird immer wieder verblüffend sein
Doch Dir verspreche ich
Dass die Stunden mit Dir
Nur uns gehören.
Nur uns
Nur uns.

16. Ändern

Ich möchte mich von Grund auf ändern.
Die Legalität ist im Gesetzbuch zu finden.

Das Recht ist das Gesetz
Und das Gesetz ist der Anspruch auf Änderung.

Ich möchte mich von Grund auf ändern.
Und bitte Dich
Wenn ich an Deiner Tür klopfe
Mich wie einen Fremden zu empfangen.

Zum Protest gegen meine sinnlosen Trauer
Möchte ich mich von Grund auf ändern.

17. Erste Begegnung mit der Liebe

In der Phantasie das Blut
Eine vergessene Seele als Spiegelbild der
Einsamkeit.
Die Weltkugel als Spielzeug der Liebkosung.
Verbotenes
Betasten
Die Realisierung der ersten Gedanken.
Und der Rückzug.
Schüchterne Blicke nach Überall
Nebelschleier liegen auf der Haut
Sie, genau wie Du
Ängstlicher vielleicht
Wissensbegierde gewinnt die Oberhand.
Die Hände vereinigen sich für Sekunden
Um sich zu trennen.
Das Grün der Traumwiese und der Körper
Der erste Kuss
Oh wie süß.
Wie schmerzhaft, unvergesslich süß.
Umarmen
Ohne Blick
Langsamer Rückzug

Gewitteranfang.
Der Rocksaum als Haus der Unverwüstlichkeit
Die Küsse werden intensiver
Man versucht etwas zu meiden
Zu verschieben
Wie ein Satter den Mittagstisch.
Das Betasten wird heftiger
Wilder
Erregender
Man enthüllt seine Träume wie eine Narkose vor dem Eingriff
Scheinwerfer beleuchten das Zimmer
Dunkelheit überall.
Ein letzter Rundgang, prüfende Blicke
Die Betrachtung der Körper
Ein Wasserfall von Ideen
Ein ungewisses Verlangen.
Der Gipfel naht
Die Machtergreifung
Man denkt nicht an das Morgen
Die jetzige Minute wird erlebt.
Ich möchte, dass man an die Liebe denkt
An diese unerklärliche Macht
Der ich immer verfallen sein werde
Der ich als Diener diene
Und als Herrscher danke.
Ich möchte
Dass man an die Liebe denkt
Wenn man liebt.

18. Stationen

Mädchen dürfen nicht spazieren gehen
Mädchen müssen zuhause bleiben
Staub wischen
Kochen
Waschen
Bügeln
Als Mädchen aus guter Familie
Als Mädchen griechischer Eltern

Musst Du "rein" bleiben.
Schön angezogen
Und immer mit einem Lächeln.

Sonntags um sieben in die Kirche gehen
Und ja keine Jungs.
Als Mädchen haben Dich Bücher nicht zu interessieren.
Auch kein Beruf
Bald wird Dein Vater
Dir einen Bräutigam aussuchen
Vergiss nicht, dabei zu lächeln.
Und aus dem Mädchen,
Dem guten griechischen Mädchen
Wird eine Frau.
Als Frau, gute griechische Frau
Musst Du Deinen Mann lieben.
Du musst zuhause bleiben und Kinder gebären.
Das erste möglichst ein Stammhalter
Als Frau gebärst Du noch eins
Dein Mann wird Dich beschützen
Irgendwie

Als Frau, gute griechische Frau
Folgst Du Deinem Mann nach Deutschland
Dort macht ihr das große Geld.
Als Frau und Mutter küsst Du
Deine Kinder zum Abschied
Sie bei den Großeltern und Du in der Ferne.
So beginnt ein neuer Lebensweg
Vor einem Fließband.
Als Frau händigst Du Deinem Mann
Den ganzen Verdienst aus.
Achtung bitte, nicht
protestieren......lächeln.....lächeln....

Als Frau darfst Du ihm
Das Glücksspiel nicht verbieten
Und wenn er ab und zu
Total angetrunken nach Hause kommt

Dich schlägt
Auf dem Küchentisch vergewaltigt
Musst Du als Frau Gute griechische Frau
zärtlich fragen: „ Hast Du Hunger, Mann?"

19. Es ist gut

Es ist gut
Und es ist vielleicht das Einzige
Auf das ich schwören könnte

Es ist gut
Und ich bin überzeugt
Dass es Menschen gibt
Die, um andere zu retten
sich selbst zerfleischen

Es ist gut
Dass Du da bist
Dass es die Liebe gibt
Und alles was aus dieser Liebe entsteht
Ist gut.

20. Ewig

Was dauert schon ewig
Der Sonnenaufgang ?
Das Singen der Nachtigall ?
Die Winde ?
Die Liebe ?
Oft schwor ich, dass meine Liebe nie enden wird
Dass das Gefühl
Das in mich eingepflanzt ist
Ständig blühen wird.
Dass ich Dich
Noch nach meinem Tode
Lieben werde.
Der Glanz des Schattens ist nichts anderes
Als die Auseinandersetzung mit der Realität.

Ich kann vieles schwören
Dir so vieles vormachen
Doch eines Tages
Und der Tag wird kommen
Wirst Du mir
Oder ich Dir
Genauso fremd sein wie die Sterne am Himmel.
Ausweglosigkeit bedeutet Hass
Und niemals darf es so weit kommen
Dass einer von uns sagt: „Ich hasse Dich"

Wenn dieser Tag doch nahen sollte,
Sag es mir bitte
Und ich werde versuchen mich zu ändern
Sonst stirbt ein Planet
An inneren Blutungen

21. Ich mag keinen Abschied

Ich mag keinen Abschied
Er ist wie ein Messerstich
In eine offene Wunde.

Wenn wir mal Abschied nehmen müssen
Gehe ohne ein Wort
Lass mich Dich so in Erinnerung behalten
Wie am ersten Tag.

Wenn wir mal Abschied nehmen müssen
Und es an mir ist zu gehen
Werde ich Dir mit den Erinnerungen
Eine Karte hinterlassen
Auf der -- Danke -- stehen wird.

Ich mag keinen Abschied
Er ist wie ein ausgetrocknetes Flussbett
Eine verwelkte Rose
Die Herausforderung des Schicksals

Die Gruft der Einsamkeit.
Der Todesbote.

22. Ich warte auf Dich

Ich warte auf Dich
Wie auf den Frühling nach dem Winter
Wie ein Kind auf seine Mutter
Wie eine Knospe auf die Blüte
Wie das Gras auf den Regen.

Ich warte
Und sehe Dich wie ein Heiligenbild.

Wenn das Gewitter einsetzt, erlischt der Mond
Dunkelheit überdeckt die Erde.

Ich warte so viele Jahre
und noch einmal so viele werde ich warten

Wenn Du mir ein Zeichen gibst
Dass Du an mich denkst.

23. Wenn

Wenn ich heute wieder auf die Welt käme
Würde ich mich selbst erziehen.

Ich würde das Wort „Hass" gar nicht erst erlernen.

Das Wort „Liebe" durch Deinen Namen ersetzen.
wenn Du äßest, würde ich satt
Wenn Du die Augen öffnetest, würde ich sehen.
Jedes Wort, ein Band unserer Lippen.

Mein Herz würde schlagen, damit Du lebst.

24. Schweigen

Als wir uns sahen, bei den Händen hielten
Und ein jeder still die Augen des anderen beobachtete
Regierte uns das Schweigen
Welches Liebe und Entsetzen ist

Wozu braucht man Worte
Propaganda der Liebe
Jeder ist des anderen Puls
Und jeder des anderen Sklave.

Zwanzigstes Jahrhundert
Die Geschlechtsteile werden zu Markte getragen
Wir jedoch scheinen vor Jahrhunderten geboren zu sein.
Reden wir von Sex
Nennt man uns modern
Reden wir von Liebe, sind wir verstaubt.

Unser Schweigen
Ist die Sonnenenergie des Lebens.

25. Schwierig

So schwer und doch so einfach
So oft gesagt und immer wieder neu
Vergessen und wieder ausgegraben.

Es ist schwer
„Ich liebe Dich" zu sagen
Noch schwieriger es zu wiederholen.
Ich verlange kein Verständnis
Meine Fehler stehen am Horizont
Ich sagte es oft
Und doch hatte ich es vergessen.

Es ist schwierig, doch ich schreie es heraus:
-- Ich liebe Dich --

26. Gelbe Rosen

Der Tod kleidet sich als Blume
Eine gelbe Rose im Sommer
Wo bist Du, Freund?
Die Ozeane erheben sich zur Flut
Und die Wellen wirken wie Todesanzeigen.
Weine nicht, der Liebe willen
Freue Dich darauf
Wenn der Abend schon am Morgen beginnt.
In der Dunkelheit ist alles gleich
Gut und Böse umarmen sich
Liebe und Tod verschwimmen ineinander.

Sicher sind viele Jahre vergangen
Und sicher ist die Angst verklungen
Noch sicherer ist der Hass erloschen
Am sichersten ist das nahe Ende.

Ich überreiche mir eine gelbe Rose.

27. Der magische Buchstabe

Ich starb und erwachte neu.
Der Engel im Brunnen ist kein weißer Schimmel
Ich wollte doch irgendetwas tun.....

Es war ein Lächeln aus einem gelben Hemd
Qualvoll
Sicher sein, dass die Liebe erwidert wird
Und trotzdem die Worte vergraben.

Lass uns doch einen Spaß daraus machen.
Ich glaube sogar, dass ich ihre Hand sah
Als ich in den Brunnen fiel.
Man benötigt keine Worte, um zu lieben
Ein Lächeln
Ein Berühren
Ein einfacher Blick
Es gibt doch etwas Magisches.

28. Irgendwo

Irgendwo bei tausend Lichtern
Irgendwo zwischen hellen Mauern
Irgendwo im Tal.
Irgendwo bei den sieben Meeren
Irgendwo dort, wo Menschen feiern
Irgendwo, wo alles glänzt
Irgendwo dort, wo der Tag beginnt
Irgendwo dort, wo Kinder lachen
Irgendwo dort, wo man die Freude schenkt
Irgendwo ist Sie zu finden.

Die Suche begann bei meiner Geburt
Mit meinem Tod endet sie
Die Blutbahnen leer
Die Herzen einsam
Gesucht: -- Sie --

29. Die alten Statuen

Alte griechische Statuen
Verrieten mir das Geheimnis.
Sie gaben mir Zeichen
Zeigten mir neue Wege.
Odysseus
Herakles
Überdurchschnittlich, lautet das Motto
Grüne Wiesen wie Oasen
So hausten wir im Graben der Unerfahrenheit.

Liebe scheint wie ein Baum zu sein.
Man fällt ihn
Doch die Wurzeln leben weiter.
Liebe scheint wie ein Baum zu sein.
Wie eine Blume
Sie blüht, um zu verblühen
Verblüht, um neu aufzublühen.
Ich verblühe.

30. Ein Zulächeln

Sie hat mir zugelächelt
Und die Liebe beginnt zu leben.
Sie hat mir zugelächelt
Und mein Herz blüht wie Margeriten
Gigantische Lautsprecher verkünden die Freude
Sie hat mir zugelächelt
Und die Ratlosigkeit schweigt für immer
Vergrabene Diamanten
Bejammernswert
So, wie die Sonne den Schatten anstrahlt
So, wie der Schatten das Gras erfrischt
So, wie das Gras vom Wasser lebt
So, wie das Wasser im Flussbett rinnt
So hat Sie mir zugelächelt und sagte: „Hallo"

31. Anzeige

Ich verkünde es
Und ich möchte, dass es alle wahrnehmen.
Alle Gedanken waren bis Heute eine Zahl
Ich verkünde es
Siebenmillionenfünfhundertzwanzigtausendsiebenhundert.

Ich erhebe meine Hand
Werfe die Arbeitskleider fort
Und rufe Dich
Die Löwen kommen in die Arena
Die Winde erheben sich

Ich verkünde es
Und die Wehklage naht.

32. Beschreibung

Ihr einfacher, süßer Kuss
Ihr Lächeln hinter den Diamantenzähnen
Ihr süßer Blick
Ihre bezaubernden Augen
Ihr Händedruck
Ihr graziöser Schritt
Ihre Nachtigallstimme
Ihre Art zu sitzen
Ihre unsterbliche Leichtigkeit
Ihre Gier nach allem Neuen
Ihre warme, zärtliche Umarmung
Ihre bezaubernde Kleidung
Ihr sanfter Körper
Ihre Tischmanieren
Ihr beneidenswertes Gähnen
Ihre Süße

An was soll ich mich zuerst erinnern.

33. Das Erste

Der erste Blick
Der erste Kuss
Das erste Zulächeln
Der erste Schmerz.

Alles Erste bleibt unvergessen
Unlöschbar.
Sich erinnern
Meinen, es wäre gestern.

Der Staub liegt über dem Vergangenen
Die Hoffnung bringt die Liebe nah
Ich steige die Treppe empor
Mit einem Endziel vor dem Auge.
Der erste Blick, der erste Kuss
Ich entsinne mich.

34. Isolierung der Bitte, Teil 1

Wenn ich könnte, würde ich Dich so festhalten,
dass Du ewig bei mir wärst.
Dich verbergen in meinen
Achseln und erst dann freilassen,
Wenn alle Lichter erlöschen.
Ich beneide mich und gönne keinem Deinen Anblick.
Ich möchte Dich
In einem Märchenschloss verstecken
Und jedes Mal mit einem Kuss erwecken.

Wenn ich könnte, würde ich Dich
Unsichtbar machen,
Um Dich einen Schutzwall bauen und
Dich erst dann der Welt zeigen,
Wenn im Umkreis von 40000 Kilometern
Keiner zu sehen ist.
Ich würde Dir ein Leben lang
Diener sein und Dein Diktator.
Wie ein sprudelnder Geysir würde meine
Festung sein, ein nie zu besiegendes Ich.

Wenn ich könnte,
Würde ich meinen Egoismus töten
Dich auf jeder Wand verewigen.
Dich in Leuchtbuchstaben malen
und nur denen zeigen,
Die das Paradies sehen wollen.
Ich würde stundenlang auf der Straße gehen
Von Dir erzählen und wenn wir zusammen wären,
Hätte ich alle Fotoreporter bestellt
Um darüber zu berichten.

Wenn ich könnte, würde ich Dich so lieben,
Dass die ganze Welt nur noch eine Blume wird.

35. Isolierung der Bitte, Teil 2

Ich hatte Sie früher einmal eingeladen
Sie lehnte ab.
Und es vergingen viele Monate.
Ab und zu sah ich Sie,
Wir grüßten uns und schenkten einander,
Wenn es die Zeit erlaubte, ein Lächeln.
Dann wieder kam dieses Gefühl,
Es war keine Liebe,
Konnte es auch nicht sein,
Wir sprachen Ungereimtes,
Und doch war jeder Satz
Der Beginn einer Liebeserklärung
Ich versuchte, Ihre Augen zu finden,
Doch sie waren so fern.

Sie gab mir zu verstehen,
Dass das damalige -nein-
Seine Gültigkeit nicht verloren hat.
Ein merkwürdiges Mädchen, tröstete ich mich.
Ich konnte sie einfach nicht einordnen
Weil Ordnung für sie ein Fremdwort war.
Wie mir erst viel später klar wurde,
Sprach sie mit jedem sowie mit mir,
Sah jeden wie mich an,
Verzauberte jeden mit Ihrem Geheimnis,
Das so schlicht und ohne
Geheimnis ist: Ihre Demut.

36. Isolierung der Bitte, Teil 3

Ich habe noch nicht gelernt,
wie man seine Liebe erklärt.
Wenn wir zusammen sind,
Spreche ich von Filmen und Büchern,
Sage, dass dieses Bild
Oder Gedicht mir gefällt,
Beschreibe das Ufer,

Das ich nachts in meinen Träumen sehe,
Sage Dir, was ich gerne esse,
Doch das Einfachste kann ich nicht sagen
Wenn wir zusammen sind,
Möchte ich Dir meine Liebe offenbaren,
Möchte Dir meine Wünsche näher bringen,
Möchte wenn Du schläfst
Vor Deinem Haus Wache stehen
Und wenn Du morgens Dein Fenster öffnest,
Möchte ich vor den Sonnenstrahlen
In Deinem Zimmer sein.
Ich habe noch nicht gelernt,
wie man seine Liebe erklärt
............lass mir Zeit,
Meine Stimme zu finden, um Dir
So primitiv, aber von ganzem Herzen
„Ich liebe Dich" zu sagen

37. Isolierung der Bitte, Teil 4

Überall suche ich die Liebe
Und wenn ich die
Sterne auf das Wasser fallen sehe,
Erhöht sich die Ungewissheit, die Neugier.
Die Steine auf der Wüste,
Die um das Wohlwollen der Menschen bitten,
Küssen sich durch den Wind.
Das Licht in meinen Augen
Besiegt die Weitsichtigkeit der Angst.
Nein, es ist keine Angst,
Es scheint mir so eine Art
Neugier zu sein.
Die Frau, die ich liebe,
Möchte ich nicht einordnen können.
Ich möchte Sie von dem Zimmer
Gefüllt mit Seifenblasen befreien.
Und diese Seifenblasen
Sollen zum Botschafter werden.
Überall suche ich die Liebe,

Und der Umtausch der Klausel besagt,
Dass die Herausforderung der Sympathie ein
Einziges Staubkörnchen ist.
Dieses Staubkörnchen
Ist entweder so primitiv,
Und damit schwer zu begreifen,
Oder geistig so hoch,
Dass es für einen Liebenden unerreichbar ist.

Überall suche ich die Liebe,
Und ich will nichts anderes
Denken, nichts anderes sehen,
Nichts anderes fühlen.

38. Isolierung der Bitte, Teil 5

Eine Bewegung der Hand
Ist die Sprache des Hungers,
Eine Geste, eine Mimik.
Wäre sie von Jean Louis Barrault,
Hätten sich die Kritiker überschlagen....
Doch die Bewegung stammt
Nicht von ihm,
Sie ist lediglich ein Zeichen von Schwäche,
Eine Bitte.
Denkt an uns!
Eine Bewegung der Hand,
Eine simple Bewegung,
Eine von Schwäche gelenkte Hand zum Mund.
„Hunger!"
Ich habe Hunger!
Meine Kinder hungern!
Nein, wenn ihr was habt, gebt erst ihnen.............

Wenn sich ein einziger Sonnenstrahl
In einer Hütte verläuft, ist es die Krönung,
Und fünf Körner Reis
In der Hand eines Hungernden
Sind noch höher zu bewerten.

Oft spricht man von Barmherzigkeit,
Etwas das schwer zu verstehen ist,
Man spricht von Liebe, von Mitleid.
Eine Bewegung der Hand
Ist das Morgenrot,
Ein letztes Mal wird der Körper eins,
Um dann zu sterben.
Man vergeudet Milliarden,
Aber solange noch
Menschen hungern,
Solange es noch Menschen gibt,
Die mit einer Bewegung der Hand
Unsere Herzen aus Scham
Schneller schlagen lassen,
Solange muss und darf es nur eines geben.

Die Tränen in den Augen
Sind wie verwelkte Kristalle der Trauer.
Der Tod ist die Erlösung aus dem Kerker.
Die Isolierung der Bitte bewirkt
Das Ausnützen der Gutmütigkeit.
Der Nächste,
Der die Bewegung nachvollzieht, ist des Todes.

39. Die Superchristin

Die alte Frau nahm das Kreuz
Küsste es sanft und legte es auf den Tisch.
Sie betrachtete es während des Abendbrots
Dann stellte Sie es auf den Fernseher
Sah dabei die Krimiserie an
Ab und zu auch mal das Kreuz.
Dann nahm Sie es mit ins Bett
Sagte ihr Nachgebet
Und schlief, das Kreuz fest umklammernd, ein.

Am nächsten Tag
Schimpfte sie wieder auf den Hausmeister
Er sei viel zu nett zu den Ausländerkindern
Schrie den Metzger an, das Hackfleisch wäre zu fett

Stieß einen Jungen beiseite, weil er im Hof Ball spielte......

Am Abend
Nahm die Frau das Kreuz
Küsste es sanft und legte............

40. Christlicher Atheist

Lass uns die Tränen messen
Um das Leid zu ergründen, das vom Feuer ausgeht.
Der Mensch, der sich auch so sieht
Ist nicht minder ein Christ als ein Atheist.
Ich kenne keinen, der von sich behauptet
-- Ich glaube nicht an Gott --
Und trotzdem Gutes tut.
Lass uns das Lachen hören
Das Kinderlachen
So wie einst auch dieser lachte
Der Gott, der uns Mensch wurde

Symbole der Reinheit am Horizont
Ein Licht jenseits des Lebens
Jenseits des Todes
Jenseits aller
Die starben, damit andere leben.

Wenn ich was Gutes tue
Tue ich es nicht für mich
Auch nicht, weil es die Erziehung vorschreibt
Der Respekt, die Bewunderung
Wie ein Regenbogen um die Sonne.
Ich kenne keinen der von sich behauptet
-- Ich glaube nicht an Gott --
Und trotzdem Gutes tut.
Wenn er es trotzdem behauptet, lügt er.

41. In Allem

Die Sonne schien auf Ihr Gesicht
Und ich erinnerte mich
An eine alte Ikone von Jesus
Die ich irgendwo sah.
Genau die gleiche Ausstrahlung.

Ihre Haare im Wind
Und es war
Wie wenn ich vergleichen wollte.
-- Jesus ist immer auf Erden --
Und plötzlich war es wie........
War Sie es wirklich?

42. Das Plakat

Ein Plakat
Es war ein in vier Viertel aufgeteilter Kreis.
In dem ersten waren zwei Bäume abgebildet
Einfach zwei Bäume groß und schön.
Im zweiten eine Bucht
Irgendwo eine Mittelmeerbucht
In dem dritten vier Boote
Fischerboote

Das vierte war leer
Es war leicht rosa.

Als ich das Plakat betrachtete
Dachte ich an die Kreuzigung
Ohne eine Begründung zu haben.
Als mir das Plakat jedoch
einige Zeit später wieder auffiel
Es war in der Nähe eines Friedhofs
erinnerte ich mich an ein Wort
Jesus hat sich kreuzigen lassen, um uns zu retten.
Das Plakat war vor mir
Die zwei Bäume, die Bucht, die Fischerboote
und das leere Feld.

Ich schrieb darauf -- Nimm Dich meiner an --
Einige sahen mich verwundert an
ich spürte eine Art von Mitleid.

43. Ewig unzufrieden

Ein paar Regentropfen fielen auf Deine Lippen
und Du öffnetest die Augen, sahst mich
liebevoll an und sagtest:
Es regnet.
Wir lagen im Gras und hielten uns bei den Händen.
Du wiederholtest: es regnet.
Einige Vögel flogen hastig über uns.
Was für ein wunderschönes Schauspiel. Dich
neben mir, die Vögel am Himmel,
die Blumen auf der Wiese, was will ich noch mehr?
Du hattest meine Hand losgelassen ... komm wir
laufen um die Wette, sagtest Du, doch ich
war wie gefesselt.
In diesem Sommer begann ich zu leben.

Ich suchte und fand Dich nicht. Der Regen spielte
keine Musik mehr, die Vögel waren weit am Horizont
und die Blumen senkten ihre Köpfe.
Ich rief Deinen Namen ... sicher spielt sie, dachte
ich.
Aber ich verlor Dich für immer.
Ich habe Dich geliebt, die Vögel und die Blumen.
warum wollte ich mehr?

44. Die letzte Versuchung

Wenn die Zeit vergeht
weichen die Erinnerungen
Und das was bleibt, ist die nackte Realität.
Wenn man Gott sagt
hat es viele Variationen:
-- Gott das Idol
-- Gott der Retter

-- Gott der Superstar
-- Gott der Mythos.

Wenn die Zeit vergeht
weichen die Ideale
Das was bleibt, ist die Güte
Oft grausam und trotzdem Güte.
Wenn man Gott sagt, heißt es
Das man Alles durch einen Nenner teilt.
Ich sage Gott und meine das Gute
Ich sage Christus und meine die Liebe
Ich sage Kirche, und da beginne ich nachzudenken.

Wenn die Zeit vergeht
Weichen die Vorstellungen
Das, was bleibt
ist die letzte Versuchung

45. Routine

Die Sonnenstrahlen am Morgen
Das tägliche Frühstück
Der Weg zur Arbeit
Die sich immer wiederholende Beschäftigung
Das Mittagessen
Der Feierabend
Der Weg nach Hause
Die Gedanken an bessere Zeiten
Das Abendessen
Das Glas Bier beim Fernsehen
Das Lächeln der Geliebten
Der Gutenachtkuss
Routine

Das Herzpochen
Die Sehnsucht
Die Liebe
wirklich nur Routine ?

46. Das Ende einer Liebe

Wir waren Fremde
Doch an diesem Tag
Dem Geburtstag meines Glücks und meiner Trauer
Wurden wir Freunde
Die Fehler des Einen waren die Stärken des
Anderen
Wir waren das ideale Paar.

Sie liebte Filme
Vor allem solche ohne Happy End
-- Liebe endet immer traurig -- sagte Sie

Wir waren wieder im Kino
Der Film endete tränenreich.
-- habe ich nicht recht -- sagte sie
-- das ist die Filmwelt – erwiderte ich
Und an diesem Tag
Ein Tag, der das Vermächtnis der Trauer brachte
Starb sie vor meinen Augen
Und ihr Gesichtsausdruck war so,
wie wenn sie sagen wollte
-- habe ich nicht Recht? –

47. Hallo Taxi

Hallo Taxi, ich öffnete die Autotür, von
der anderen Seite öffnete Sie.
Wir lächelten uns an.
--Sie waren zuerst da, sagte ich
Nein Sie.
Wo wollen Sie eigentlich hin, fragte der Fahrer
Ich sagte den Straßennamen, sie dasselbe.

Wir trafen uns *halbwertig*. Und eine Sekunde
brachte eine unendliche Sympathie. Wir hielten
vor einen Hochhaus an.
-- Es hat mich sehr gefreut, sagte sie.

ich half ihr beim Aussteigen.
Vielleicht sehen wir uns wieder, meinte ich
In einem Taxi ?
Was eine Sekunde bringt, können Jahre nicht ersetzen.
Ich habe Sie nie wieder gesehen. Wenn ich heute noch,
nach Jahren mit einem Taxi unterwegs bin, höre ich von
ferne ihre sanfte Stimme, die ganz leise vernehmbar ist.
-- Hallo Taxi, sind Sie frei? --

48. Erfrischung aus der Vergangenheit

Vom weitem sah ich Sie
nach Jahren wieder sah ich Sie
Unsere Blicke trafen sich. Hat Sie mich erkannt?
Vergessen ?
Ich rief Sie beim Namen
Sie drehte sich um, um nach wenigen Sekunden
Mir die Hand zu reichen.
Sie war kühl
Ganz anders als früher ....
Sie war warm und zärtlich, doch jetzt ....
Jetzt blieb Sie versteinert
„ Wie geht es Dir? „ fragte ich, „ was machst Du?"
Sie versuchte zu lächeln.
Aber wo war ihr richtiges Lächeln
Das Lächeln, das früher mein Herz erfreute.
Das freie, ungezwungene Lächeln der Jugend ?
Wo war ihr Zauber?
Sie starrte mich wie einen Fremden an.
Vor mir die verlorene Illusion und doch
Eine belebende Erfrischung aus der Vergangenheit.

49. Bestätigung

Sind das die Lippen, die mich gestern küssten?
Ist das die Hand, die mir zu essen gab?
Ist das der Kopf, der auf meinen Schultern ruhte?
Ist das das Mädchen, das ich liebe?
Warum kämpfe ich eigentlich, warum?
Um die Heimat zu verteidigen, sagte man mir
vielleicht
Trotzdem begreife ich nichts.
Vor mir liegt der Körper, der mich gestern wärmte
Vor mir schlägt das Herz nicht mehr, das mich liebte.
Warum sind die Opfer immer schwach?
Sie hat doch niemandem etwas getan?
Ich kämpfe, weil man mir die Liebe nahm
Die Heimat ist mir unwesentlich
Ich nehme ihren toten Körper
Ein letztes Mal küsse ich ihren Mund
Und sehe über mir Ihre Seele schweben.
Sie hat den Körper, der ihr Ausdruck gab, verlassen.
Ich muss leben
Um dem sinnlosen Töten ein Ende zu machen.

50. Vielleicht

Wenn die Nachtigall stirbt
Wird der Frühling geboren
Was die Verbote erlauben
Ist der Rest der Zivilisation.

Unter dem Schatten des Adlers
erhebt sich die Nacktheit Deines Körpers
Wohlgebaute Liebesmaschine.

Im Namen......
aufhören!
Was habt Ihr nur aus Euch gemacht?
Was habt ihr angerichtet, Ihr Teufel?

Blühende Sträucher niedergemetzelt
schwangere Frauen getötet
Lachende Gesichter versteinert.

Im Namen......
Hoffentlich kann ich verzeihen.

51. Das Todesfeld

Auf das Feld, wo gestern die Nahrung wuchs
Fallen heute Bomben
Der Nachbar, der mich gestern begrüßte
Schleift das Messer des Pseudomuts
Ist das das Feld?
Ist das der Nachbar?

Blutlachen sind die Swimming Pools der Armen
Massengräber als Theatervorstellung.

Waffen
Wenn ich sie habe, töte ich Dich
Wenn Du sie hast, tötest Du mich
Wenn wir sie haben, töten wir einander
Wenn niemand sie hat, umarmen wir uns.

Invasion
Mord
Die Täter grinsen
Verteidigung
Lebensrettungsversuch
Die Opfer schwimmen.

52. Der Verdacht

Revolution !
Ein Vogel, der im Sommer friert
Und sein Federnkleid verwettet, begeht Selbstmord.

Ein Orchester ohne Dirigent,
die Wiedergeburt des Chaos.

Das was war, wird erneuert
Freiheit
Gleichheit
und wie lautet das Dritte?

Nieder mit dem Dirigenten!
Die Musik den Musikern!

Und dann............
Revolution!

53. Nur der Mensch zählt

Der Raum der Erleichterung
Quadrate der Apokalypse
Die Kette als Zeichen des Unzertrennlichseins.

Der richtige Moment
Die Wiedergeburt der Seele.
Ich spende mein Blut, um Leben zu retten
Ob Freund oder der besagte Feind
Wer wird es empfangen.

Zwischen den Sonnenstrahlen ist nichts
Undimensional hohe Säulen
und ein toter Körper ist einsam
und wird eins mit dem was ihn nährte.

Ich spende mein Blut, um Menschen zu helfen.
Ob Freund oder Feind

Der Mensch
Nur der Mensch zählt.

54. Ewige Hoffnung

Mit Hoffnung in den Augen
Sah ich Dich das erste Mal.
Die Wellen schlugen auf das Ufer
Unsere Augen verketteten sich
Ich fand jemanden.
Wie verliebten uns.

Mit Hoffnung in den Augen
Lernten wir uns kennen
Mit einer Bitte
Einer Frage.
Ich sagte: „ Hallo „
Du lächeltest nur.

Mit Hoffnung in den Augen
Wurden wir ein Paar
Liebten uns
Zeugten Kinder
Wurden alt.

Und mit Hoffnung in den Augen
Warten wir auf die Berufung.

55. Die Nacktheit Deines Körpers

Die Nacktheit Deines Körpers
Ist die Weisheit Deiner Augen,
Der Frühling des Erwachens
Kommt gleich nach der ersten Romanze.
Man redet von Moral
Prinzipien
Anstand.
Ist voll von falscher Scham und Hassliebe
Ist die vollkommene Freude

Ein kostbarer Schatz
Ein irdisches Universum.
Man redet von Diplomatie
Solidarität
Ist erfüllt von taktischen Maßnahmen, voller
Widersprüche.
Die Nacktheit Deines Körpers
Ist wie eine Knospe im Frühling
Und wie eine Blume im Sommer.
Wie gern wäre ich jetzt ein Schmetterling.

Man redet von Unschuld
Gerechtigkeit.
Man glaubt an Träume, um sich zu belügen.
Die Nacktheit Deines Körpers
Versammelt all Deine Güter
Deinen Reichtum.
Nur der Tod ist die Offenbarung.
Man glaubt an Liebe
Sympathie
Die Nacktheit Deines Körpers, Geliebte
Ist das Abendgebet
Die Angst
Die Hoffnung
Die Flucht aus der Realität.
Die Nacktheit Deines Körpers
Ist die letzte Moral
Prinzipien.

Du bist so sterblich, wie das Verblühen einer Rose.
Nach dem Tod verfallen die Mauern
Die Fundamente bleiben jedoch bestehen
Nächstes Jahr
Ist das Jahr der Auferstehung
Die Rose blüht in Ihrer Pracht
Die Nacktheit Deines Körpers
Ist die Unsterblichkeit.

56. Invalide aus Liebe

Es war, wie es nicht schöner sein konnte.
Wenn eine Trennung als schön bezeichnet werden kann.
Wir reichten uns die Hände
Sagten: „ Mach´s gut"
Und aus einer Romanze wurde eine Erinnerung.

Vögel ohne Flügel
Sind wie taubstumme Sätze.

Mit dieser Trennung verbanden wir ein Wiedersehen
Und als ich Sie wieder sah
Mit anderen Augen
War es wie der letzte Schritt.
Nein!
Er geht neben Ihr
Er fragt Sie nach Ihren Wünschen
Er empfängt Ihre Süße
Ihren Reiz.

Unvorstellbar, dass Er und Sie ...
Er sagt Ihr als erster guten Morgen
Sieht Ihr beim Anziehen zu
Trinkt mit Ihr Kaffee
Unvorstellbar.

Ich muss meine Gefühle überwinden
Sonst bleibe ich für immer
Ein Invalide aus Liebe.

57. Törichtes Spiel

Ich fragte Dich, was Liebe bedeutet.
und Du sagtest ohne zu überlegen: - Du -
Ich fragte Dich, was Du haben möchtest
und Du sagtest ohne zu überlegen: - Dich -
Deine Antworten beschämten mich

Weil Du an mich glaubtest
Und ich nur spielte.

Und ich wollte es erklären
Doch so oft ich es auch versuchte
Die Worte fanden nicht zur Zunge.
Wenn wir uns in einer anderen Welt wieder sehen
Dort, wo es keine unsichtbaren Gesetze gibt
Werde ich Dich mit meiner ganzen Kraft umarmen
Bis wir eins werden.

58. Hast Du mich vergessen?

Hast Du mich vergessen?
Die Stimme überraschte mich.
Und diese eine Frage
erschütterte die Fundamente.

Wie eine Abstellkammer waren meine Erinnerungen
Nun suchte ich darin, um Sie zu finden
Und Sie war da
Merkwürdig, Sie war nicht verstaubt
Irgendwie war Sie nicht vergessen worden.

Mit einer Frage kann eine Wiedergeburt beginnen
Mit einem Blick

Hast Du mich vergessen?
Meine Gefühle durchwanderten die Eiszeit.

Wenn der Staub zur Asche wird
Rekonstruiert sich das Leben
Die Asche wird zum Bild,
Das Bild zu einem Kuss,
der Kuss wird zur Erklärung.
Die Erklärung ist ein Versprechen:
Ich werde Dich nie vergessen!
Welch eine Lüge!

59. Gebete

Auf die Frage, ob ich bete
Antwortete ich mit einem -- Nein --

Manche waren schockiert
Andere schauten mich lächelnd an,
wie wenn sie sagen wollten: -- Verlorener --
Andere reichten mir die Hand
Sagten zustimmend -- Ist doch alles eine Lüge --

Ich bete jedoch
Weil ich an Gott glaube.
Bete nicht vor dem Schlafengehen
Sondern den ganzen Tag.
Jede Tat ist ein Gebet.
Jeder Schritt.
Warum soll ich ein Alibi vortäuschen?
Beten heißt, an andere Menschen glauben.

Auf die Frage, ob ich bete
Antwortete ich mit einem -- Nein –
Es fragte mich ein Unwissender.

60. Ich weiß nicht

Ich weiß nicht
Sagten mir ihre zarten Lippen
Wie wenn sie sagen wollte: „ Ich weiß nicht „
Und allein diese drei Worte
Sind die Fundamente jeder Liebe
Drei Worte, einfache Worte, doch welch ein Satz.

Ich weiß nicht
Sagte Sie mit ihrer Süße
Wie wenn Sie sagen wollte: „ Ich weiß nicht"
Und es liegt nun an mir
Ihr meine Liebe zu zeigen
Bilder zu schaffen

Vorstellungen zu verwirklichen
Sie zu leben
Damit Sie nie mehr „ Ich weiß nicht" sagen muss.
Ich weiß nicht
Sagte sie früher
Wo wir allein waren und ich verbannt
Und heute
Sagt sie immer noch „ Ich weiß nicht"
Und es bedeutet „ Ich liebe Dich"

61. Unsichtbar

Ich möchte an einem Tag unsichtbar werden
Mich in dein Herz einschmuggeln
Um das widerwärtigste, was es gibt zu tun :
Spionieren.
Ich möchte mich in Häusern sehen,
Dort wo ich keinen Zutritt habe,
Möchte Gespräche belauschen
Lösungen anbieten.
Ich möchte an einem Tag unsichtbar werden
Wie eine Biene im Bienenschwarm
Ein Regenwurm in einer Pfütze.
Ich möchte mich an einem Tag von Dir entfernen
Um für ewig zu Dir zu kommen.

Willst Du mir die Hand reichen?
Mich die Stufen hinauf begleiten
die ins Niemandsland führen?
Willst Du das Nichts aus mir löschen?
Ich möchte an einem Tag unsichtbar sein
Um sichtbar zu werden.

62. Die Errichtung eines Palastes

Ich errichte einen Palast
Parfüm aus jeder Ritze.

Was die Gruft verbirgt, umklammert die Fäulnis.
In den Hofgärten spielt der Wind mit Schmetterlingen
Und das was die Natur verbirgt
Wird zum Traum des Landstreichers.

Ich errichte einen Palast
Um ein Gefängnis zu besitzen.
Die Alpträume darin, wie der Biss einer Kobra.

Die Liebe zu Dir beflügelt meinen Körper
Zu ungewohnten Taten
Ich errichte einen Palast
Und als mich einmal die Melancholie streichelte
Betrachtete ich stundenlang Dein Bild
Wie ein Gefangener seine Zelle.
Dein Bild, ein Palast aus Träumen.

Ich errichte einen Palast
Und kleide mich wie ein Bettler
Und bin in meinem Element.

Wenn ich der Sonne ins Angesicht blicke
Zählt sie mir meine Fehler auf
Und ich verstecke meinen Kadaver in großen Sälen
Mit dem Mond als Verbündeten.

Ich errichte einen Palast
Und bekenne mich zum Träumer
Weil ich die Orchidee im Traum berührte.

Die Liebe errichtet eine Hütte
meinem Palast zur Konkurrenz
Ich melde meinen Konkurs an.

63. Scham des Alleinseins

Braune Sträucher sind die Embryos
Eines Waldes.
Grauweise Betonmauern der Beginn
Einer neuen Steinzeit.

Warum gibt es Menschen?

Zerrissene Kleider
Die Kollektion für Arme.
Der Lärm
Die Sprache der Stummen.

Ich möchte als Mensch anerkannt werden.

Mein einziges Gut ist mein Leben.
Gibt man mir Gutes, gebe ich Gutes
Gibt man mir Böses, gebe ich Böses
Lässt man mich allein
Sterbe ich aus Scham des Alleinseins.

64. Niemand fragt, was man gern hat

Niemand fragt was man gern hat
bedrückende Finsternis
Anmutige Schönheit in Gestalt von Kobolden.
Ein Schutzwall von Lügen
Interpretierte Angst als Sympathie
Man kokettiert mit Orden
Wurde mir soundso
Von dem und dem
Wegen Nichtbeachtung von Blabla verliehen.

Niemand fragt, was man gern hat
Und wenn ich Dich frage
Hast Du es gern, wenn ich Dir über die Haare streiche
Schaust Du mich an
Wie wenn meine Zunge eine Lochkarte wäre.

Lerne zu vertrauen
Befürchte nicht das sinnlose Reden
Ich liebe Dich
Das heißt, ich frag Dich was Du magst
Was Du gern hast.
ich rede mit Dir.

65. Dreißig Sekunden

Es war mir bewusst
Dass ich noch dreißig Sekunden hatte.
Eine halbe Umdrehung des Sekundenzeigers
Und in dieser kurzen Zeit
Wollt ich ihr so vieles sagen.

Als es begann, wusste jeder
Dass unser Zusammensein begrenzt sei.
Als die Trennung nahte
Versuchte jeder den besten Eindruck zu hinterlassen.

Es war mir bewusst
Dass ich noch dreißig Sekunden hatte
Und ich versuchte ein Wort zu finden
Nur ein Wort
Damit sie sich später erinnert
Ihre Zukunft
Hat noch viele Bekanntschaften offen
Und sie ging
Sie entfernte sich
Und ich blieb stumm.

Jahre später
Kehrte ich an den Ort zurück
Und rief mit der Bitte an Sie, mich zu hören:
„Geliebte"

Dreißig Sekunden war die Frist der Zeit
Die Frist der Herzen dauert ein ganzes Leben.

Unsere Freundschaft war eingezäunt
Ein Beginn und ein Ende
Aber das Dazwischen
ist die Bescheidenheit.

66. Die Meinung

Wenn man über sie sprach,
Sagte man spontan: Eine gute Frau.
Die Jahre zogen dahin,
Und es stellte sich heraus
Dass ihr Vater irgendwann,
Irgendwo ein KZ- Aufseher gewesen war.
Und seit diesem Tag
spricht nur der Milchmann mit ihr.

Wenn man über sie sprach,
Sagte man spontan: Mörderbrut
Die Jahre ließen sich nicht aufhalten,
Sie wurde alt
Und von allen gemieden.

Jetzt, wo sie tot ist, sagen alle:
Sie war doch eine gute Frau
Nur manche werden leicht rötlich,
„ist sehr heiß heute, nicht wahr?"

67. Don Quijote

Da löschte er eines Tages
Seine ganzen Konten
Kaufte sich einen goldenen Zahnstocher
Sagte: "Ich bin Don Quijote"

Er durchwanderte Städte
Begrüßte jeden
Reichte allen die Hand

Nach Jahren
Wollte er sich zur Ruhe begeben
Weil er der Wanderung müde.

Und sie kamen von überall
Wünschten ihm gute Besserung
Lächelten: Gute Genesung.

Er wurde gesund
Ging wieder auf Wanderschaft
Sagte: „Ich bin Don Quijote"
Seinen Zahnstocher suchte er aber vergebens.

68. Die Vergessenen

Das Haus lag abseits der Straße
Einsam, jahrein, jahraus
Ein vergessenes Haus
Auf den Fluten der Vergangenheit.

Ein Mann ist alt geworden
Sehr alt und allein
Ein verstoßener Mann
Auf den Wolken des Vergessens.

Und der Mann sah das Haus
Und der Mann wohnte in dem Haus
Und plötzlich waren sie nicht vergessen.
Man beschimpfte den Mann
Wollte das Haus abreißen.

Ein alter Mann starb einsam
Ein altes Haus zerfiel mit der Zeit
Wieder waren sie vergessen.

Belassen wir's dabei.

69. Zukunft

Heute wollen wir...
Fuhr der Lehrer fort,
Doch er hörte nichts.
Seine Gedanken waren in der Ferne
Die Lichtstraße der Genügsamkeit.
Überall Unbehagen
Die Fußspuren wie ein Flussbett.

Heute wollen wir...
Betonte der Lehrer
Doch er hörte nichts
Vor ihm seine Zukunft
Ungewissheit in der Tiefe des Ozeans.

Heute wollen wir über unsere Zukunft sprechen.
Da stand er auf und fragte:
„Ist jetzt Zeit für ein Requiem?"

70. Wer bist Du

Wer bist Du
Die vor mir stehend mich meine Sorgen vergessen lässt
Mich der Sonne näher bringt
Mich lehrt, alles zu sagen
Mich auf Wolken setzt
Damit ich einen besseren Überblick bekomme.
Wer bist Du
Die mich das Lachen lehrt
Das Schreiben, das Lesen, Sprechen ohne Entgelt.
Wer bist Du
Die mich in Wälder führt
Sonnenmosaik auf den Bäumen
Nester voller Zukunft
Ein Wort, ein neues Wort für Liebe suchen lässt.
Wer bist Du
Die mich an der Hand hält
Unsichtbare Märchen erzählt

Mir Flügel schenkt
Wer bist Du
Die mich töten, auferstehen lassen
Und wieder töten kann.
Wer bist Du
Die mich umarmt, küsst und liebt.

Den Mut, alles auszusprechen ohne Hemmungen
Hast Du mich gelehrt
Wer bist Du
Schweigen, Umarmung
Ewige Stille bevölkert meine Gruft.

71. In jener Nacht

In jener Nacht
Als verwelkte Blätter die Freude erwärmten
Schauten wir uns an
Wie wenn wir unsere Augen verketten wollten.
Wir hielten uns bei der Hand
Wie Schatten des Kreuzes
Die auf dem Gipfel auf die Auferstehung warten.

In jener Nacht
Als uns farblose Gespenster umzingelten
Erfanden wir Lösungen
Die, jede für sich, eine Katastrophe wäre.
Wenn wir zusammen blieben
Stürben wir dem Pathos
Und wenn wir uns trennten
Radierten wir uns durch Verzweiflung weg.
In jener Nacht
Schaute ich Dich an
Und Dein Atem erleuchtete das Zimmer.
Es gibt Menschen, die Selbstmord begehen
Um ein Stück Geschichte zu werden.
Es gibt Menschen, die leben
Um die Geschichte zu zerstören.

Wir müssen das Sterben lernen

Um am Leben zu bleiben.
Die Vereinigung zweier Menschen
Ist ein Phantom.
Jeder Verdacht zerstört die Peripherie
Und wir zwei werden Organe
Nur Organe, oder begehen Selbstmord.

In meiner Heimat gibt es Väter
Die ihr Fleisch und Blut verkaufen
Jemanden suchen, einen Preis nennen
Und dann auf den Erfolg anstoßen.

In jener Nacht
Machte uns unsere Umarmung untrennbar.
Wir gaben uns einen Schwur
Dass der Eine den Anderen umbringt
Wenn wir der Ideologie verfallen.
In jener Nacht
Machten wir unseren Prozess
Wir haben keine Grenzen
Keinen Stacheldraht
Wir haben einander, wir haben unsere Freiheit.
In jener Nacht fanden wir unser Ich.

72. Zwischen Gegenwart und Vergessen

Zwischen Gegenwart und Vergessen
Als Blumenstiel
Eine Knospe bestückt mit Tau
Auf dem Gipfel der Mutlosigkeit.

Zwischen Sagen und Ausführen
Eine Spirale
Auswegloses Gerangel
Ein Kinderringelreihen
Zwischen Wasser und Blumen
Zwischen Regen und Geborgenheit
Zwischen Leben und Vergangenheit
Irgendwo

Versteckt im Labyrinth
Ist die
Die ich liebe
Die durch eine Umarmung
Die Erde vernichten kann.

73. Wie eine Ikone

Wenn ihr ein Mädchen mit Diamantenaugen seht
sagt ihr, dass ich sie liebe.
Als ich das erste Mal sah, war es wie eine
trübe Wolke über einer grünen Wiese.
So glaubte ich, ich sei ein Magnet.
Es gibt Spieler, die um Alles spielen
Das Dumme ist nur dabei, dass mich das Spielen
anekelt.

Wenn ihr ein Mädchen seht mit einem Gesicht
so friedlich wie eine Taube, sagt ihr, dass ich sie
suche.
Immer wenn die Glocken läuten, höre ich die tote
Nachtigall
Wenn ihr ein Mädchen seht, das von Wolken
beschützt wird,
sagt ihr, dass ich sie suche.

Alles was passiert, bleibt unvergessen
Wie das Wasser im Ozean
Heute sah ich ein Mädchen, eine die ich kannte
Ohne sie je zuvor einmal gesehen zu haben
Sie trug einen weißen Rock und hatte
Stöckelschuhe, die
sie unbedingt ausziehen wollte.
Ihre Hände waren so schmal und die Brüste voller
Liebe.

Wenn ihr ein Mädchen seht das ihr ähnelt, sagt ihr
dass ich sie suche.
Sagt ihr, sie soll als Erkennungszeichen um 10 Uhr
vor dem Staatstheater warten.

74. Immer Mörder

Mörder
Teufel
Lasst sie verrecken.
Haut ihnen auf die Fresse.

Ich teile nicht ihre Vorstellungen
Von Gewalt und Terror
Ich befürworte nicht
ihre Taten.
Aber ich plädiere an unser Gewissen.

Die Sonne strahlt nicht durch Mauern
Eidechsen können nicht fliegen
Doch es gibt Menschen
Die bohren durch Mauern Löcher
Und bauen den Eidechsen Flügel.

Es gibt Menschen die nicht blind sind
Bevor sie sehen
Die nicht taub sind
Bevor sie hören
Die nicht töten
Weil andere töten.

Sie lehren nur,
Dass die Sonne durch Mauern strahlen kann
Dass Eidechsen fliegen können.

75. So leicht ist das Vergessen nicht

So leicht ist das Vergessen nicht.
Die Zeit löscht nichts aus
Das Vergangene
Das Schöne im Vergangenen bleibt im Traum
Die Liebe
Die Hoffnung der Liebe blüht

Wenn sie auch mit Leintüchern bedeckt ist.

Das Verlieren einer Liebe
Ist wie das Ausradieren einer Generation.
Die Träume begehen Selbstmord
Und aus dem Vulkan entspringt das Herz.

So leicht ist das Vergessen nicht.
Du fühlst Sie in Deiner Nähe
Siehst Sie aber in der Ferne.
Ich versuche, die Zukunft zu verbannen
Damit ich das Heute vergesse.
So lebt die Vergangenheit in mir.

76. Trennung

Wir trennten uns
Das Licht der Sonne wurde zur Pfütze
Und wenn ich manchmal zurückdenke
Höre ich weit entfernt die Glocken.

Du lächeltest wie zu einem Fremden
Trotzdem bemerkte ich die Sympathie
Ich sagte leise: Guten Tag
Dann folgte der erste Kuss
Weich, zart, unvergesslich, ein Hauch.
Ich sah Dir in die Augen
Und unser beider Leben war auf einmal sichtbar.

Neben Dir fühlte ich mich stark
Und Du hattest einen, wie heißt es so schön:
„Beschützer"
Wenn Du „Ich liebe Dich" sagtest
Dachte ich
Du schenkst mir die ganze Welt.

Wahrhaftig, ich liebe Dich
Heute noch.

Ich erinnere mich gern an die gemeinsamen Stunden
Vergleiche das Gestern mit dem Heute
Die Liebe mit dem Spiel
Das Gefühl mit der Gleichgültigkeit
Und kann mir nicht verzeihen.
Wir trennten uns
Wir
Wir
Wir trennten uns.

77. Nach meinem Tode

Wenn ich sterbe möchte ich
Dass ich nicht aus den Erinnerungen weiche.
Ich möchte bestehen
Weil ich mir nicht vorstellen kann
Nur Rauch zu sein.
Ich möchte, dass sich meine Freunde versammeln
Und über meine Taten sprechen.
Ich will keine Tränen sehen
Weil mir dann der Tod noch Schmerzen bereiten
würde.
Ich möchte, dass meine Gedichte gelesen werden
Und jeder der sie mag
Soll sie seine nennen.

Ich möchte, dass all die Frauen, die ich gern hatte
Mich in ihren Erinnerungen behalten
Als einen abgeschnittenen Strahl der Sonne.
Ich möchte keine Heldennachreden hören,
sondern nur: „Er war ein Mensch"

Ich bitte
Mich in irgendeiner Erde zu begraben
Und diese Erde soll mit Regen getränkt werden
So kann ich hoffen, wieder aufzublühen
Weil ich in einem einzigen Leben
meine Vorstellungen nicht verwirklichen konnte

78. Missglückter Versuch

Jedes Gedicht ist eine Art Mythos
Man versucht darzustellen
Wie es ist
Wie es war
Wie es gewesen wäre

Das Wichtigste aber bleibt unausgesprochen.
Ich nehme mir die Freiheit
Im Namen aller meiner Gedichte
Um „ Danke " zu sagen

Jeder Buchstabe ist allein
Irgendwo zwischen Artgenossen
Jeder, der liebt, ist einsam
Seines Willens beraubt
Ich sage „Danke"
Und meine „Verzeihung"

79. Der Beginn

Wann werde ich begreifen
Dass es zu Ende ist
Es kommt und geht der Tag
Es kommt und geht die Nacht
Einmal ist alles zu Ende.

Wenn die Wolken über dem Gestern schweben
Und die Engel sich zum Schlafen legen
Beginnt es.

Wenn die, die reden, schweigen
Und die, die lachen, weinen
Endet es.

Alles hat einen Beginn
Doch nicht alles hat ein Ende
Ich werde Dich lieben

Wenn auch alle Lichter ausgehen.

Wenn der Tag zu Ende ist
Weiß man, es kommt der nächste
Und er wird anders sein.

Aber wenn man nur die Eine liebt
Stirbt man an Melancholie.

Warum gibt es Sterne
Wenn sie am Tag entschwinden
Warum gibt es eine Liebe
Die keine sein darf.

Niemals darf ein Engel sterben
Niemals darf sich die Sonne ausruhen.

Dort, wo Leben war, wird Leben entstehen.

80. Codewort --Zwanzig--

Eine lange Geschichte, eine kurze Antwort:
Ich liebe Dich
Die Straße ist laut, die Hektik ist in ihrem Element
Und ich, allein in meinem Zimmer
Und versuche unsere Geschichte niederzuschreiben
Und erkenne,
Dass jetzt der richtige Augenblick gekommen ist,
Meine Liebe zu offenbaren.

Mir fällt die Tatsache ein,
Dass ich achtzig Gedichte lang
Auf Dich gewartet habe.
Ich gebe mir noch eine kleine Frist,
Dich zu gewinnen
Und dann beginnt der Schlussverkauf

Meiner Gefühle.
Wenn Du es nicht bist, wer sonst?

Manchmal, wenn ich Deine rollenden Augen ansehe
Spüre ich die Kraft Deiner Liebe
Die verborgen auf die Befreiung wartet.
Du fragtest einmal: Bin ich die Einzige?
Und ich gab Dir keine Antwort.
Nicht weil ich mich davor scheue,
Sondern weil uns die Antwort
Keinen Spielraum lassen würde.

Es gibt drei Dinge
Die Menschen sich gegenseitig schenken können:
Ihre Gefühle
Ihren Körper
Ihre Zeit
Der Nenner heißt: Liebe
Und ich möchte Dich damit überschütten.

Ich möchte das Gefühl erheben
Deinen Körper liebkosen
Deine Zeit ausfüllen
Dich lieben.
Deine Augen anhimmeln
Deine Hände berühren
Dein Atem sein
Dich lieben.

Und die Gedanken schweifen zurück
Die Zeit davor wird einfach gestrichen
Das Jahr -- Eins -- beginnt.

Ich denke an all die Frauen, die ich kannte:
Sie hatten viel, gaben aber nichts
Somit hatten sie gar nichts.
Ich denke an Dich:
Du hast viel, gibst viel
Du hast die Welt zum Untertan.

Auf dem Kai geht ein Blinder betteln,
Und ein Stadtstreicher wirft ihm eine Mark zu.
Ein kleines Mädchen kauft Futter für die Tauben,
Und die alte Frau singt Schlager von Damals.
Ein Polizist schnallt seinen Gurt ab,
Der Taxifahrer vernichtet das Taxometer,
Jemand spielt ganz in der Nähe Saxophon.
Ein Bananenhändler
Beschmiert einen Gigolo mit Teer
Und für einen ganz kurzen Augenblick
Hört man den Puls der Dunkelheit.
Und die Gedanken verlassen die Vergangenheit.
Die Zeit bleibt stehen
Trotzdem...das Jahr Eins hat begonnen.

Unmerklich habe ich mich verändert
Unmerklich ist eine Kluft entstanden
Und es widerstrebt mir
Könige königlich zu empfangen.

Dann kommst Du
Bestrafst meine Intoleranz mit Streicheleinheiten
Und ich beginne, Könige zu lieben.

Halt ein, Fährmann, nimm uns mit!

Dein Name bietet mir Schutz.
Und die Mauern bleiben was sie sind..........
Hilf mir, Du bist die Einzige.

Als ich das erste Mal mit einer Frau schlief
Da hatte ich das Gefühl, das ich heute verspüre
Wenn ich über die Straße gehe.
Es war schön, sonst nichts.
Und mein Leben fuhr fort.
Ich traf mehr Frauen, und das Miteinander
Wurde eine Routine.
Wie töricht, nicht wahr?
Gefühle nach Fahrplan.

Und dann kamst Du in mein Leben.
Die Suche endete
Das Universum war entdeckt.
Ich frage Dich nach einem Codewort
Und Du sagtest „Zwanzig"

Und heute fühle ich mich im zwanzigsten
Jahrhundert
Im zwanzigsten Monat
Am zwanzigsten Tag
Zur zwanzigsten Stunde.

Und dann liebten wir uns.
Charles Bukowski würde hier fortfahren:
„ ....und dann liebten wir uns, sieben Tage und sieben Nächte
bis der Kühlschrank leer war."

Aber ich sage:
Und dann liebten wir uns!
Bitte lies es so, wie es geschrieben steht:
Wir schliefen nicht miteinander
Wir liebten uns.

Und irgendwo hier
Muss ich um Bedenkzeit bitten
Muss das, was ich will erkennen,
Um das was ich erkenne zu realisieren.

Trotzdem
Eine lange Geschichte
Die nur eine Antwort zulässt: Ich liebe Dich.

Irene ist tot

Irene ist tot
Ob körperlich oder in der Phantasie
Irene ist tot
An den Frieden glaubte ich
sehr, sehr lange.
An die Hommage aus Glück und Trauer,
an die stillbare Sehnsucht
die Sterbliche nie erlangen können.

Gab es eigentlich einen Beginn?
Du warst auf einmal da
und mir war klar,
dass ich diesen Frieden
immer schon kannte.
Ich hatte die Vorstellung
dass Du immer dagewesen sein musst

Manchmal, wenn Du mich fragend ansahst
und keinen Ton sagen konntest
da wusste ich, dass Du ein Meilenstein bist
ein Wendepunkt.

Irene, die Fixierung der Logik
das ist Weiß und das ist Schwarz
dazwischen hatte kein Sandkorn Platz.
Ich wollte die Nadel zu Deinem Kompass sein
und wurde Dein Liebhaber
In einer Schattenwelt.

Stundenlang konnte ich stumm
neben Deinem Körper liegen.
Neureiche, die früher nur Brot und Zwiebel
als Mittagessen hatten
posieren Goldkettenbehangen vor dem Bahnhof
und klagen die Beständigkeit an.

„Ich bin nun mal wie ich bin"
sagtest Du und dachtest nicht daran

dass solche Sätze Kolonien vernichten können
Irene, Du warst der einzige Mensch
der zweimal im Jahr Geburtstag hatte
April und November

Als ich mal meine Liebe eintauschen wollte
sagtest Du lediglich
„ da machste was mit"
und das war für mich das Zeichen
die Atombombe zu zünden.

Wenn die Tage der Folter sich nähern
geht ein Mann an einem einzigen Wort kaputt
und ich fragte Dich, wo Du hinwillst
und Du sagtest: „ zu Dir"
Deine Augen jedoch, Geliebte
Deine Augen sagten mir:
„Ich will allein sein, ich habe Angst."

Ja, das war, was Dich beherrschte Irene
die Angst
die Unklarheit
und der Pakt mit dem Drachen
war lediglich nur für Augenblicke
als Dein Mund über meinen Körper streifte.

Du, die das Gefühl der Überlegenheit darstellt
ergibst Dich einer Hierarchie
die, bitte lach jetzt nicht,
aufgezwungen wird.
„nein, stimmt nicht"
höre ich Dich immer noch sagen
und die Folterknechte von Dachau
posieren für den Photografen
als gäbe es ein Preisausschreiben zu gewinnen.

Irene ist tot
und ich muss Cohen zitieren
„Eine Freundschaft zwischen Mann und Frau
die nicht auf Sex gegründet ist, ist entweder

Heuchelei oder Masochismus"

Warst Du, Irene, meine Geliebte
Warst Du meine Frau
War ich Dein Mann, Dein Freund
Dein Knecht oder Dein Folterer?
Gabst Du mir Deinen Geist
Deinen Körper
oder war lediglich Deine Zunge
eine Sonnenuhr mitten im Atlantik?

Du warst mein Vorträumer und ich
genoss als Selbstverständlichkeit
die Monotonie Deines Reiches.
Die Klappe fällt, die neue Szene
sitzt fast auf Anhieb.
Der Held trägt die Heldin
Die Heldin schaut ihn erwartungsvoll an
und der lange Filmkuss
wird durch die Kameras aufgezeichnet.

Warum schreit hier niemand „Betrug"
Warum erheben sich nicht zum Sturm die Meere
Warum überfluten die Wassermassen
lediglich nur Pappmaché

Gib es doch zu, Irene
dass Du mich vermisst.
Gib es doch zu, dass, wenn ich weit fort bin
Deine Kraft nachlässt
und Du zu dem wirst
dem du entkommen möchtest
Gib es doch zu, Irene
dass du krank wirst
dass Dein Herz poltert
dass Du lieber Bettler anbetteln würdest
bevor Du Dein Herz öffnest.

Ich habe mich so bemüht
die Lektionen der arroganten Aristokratie

vom Schreibtisch aus zu bewältigen.
Geburtshelfer und Totengräber
finden sich am Abend
vor derselben Bar
und trinken auf die Zukunft.
Und als es darauf ankam, Deine Schönheit
einzutauschen
goss ich mir Blausäure über die Hände
und es war so mühelos schön
zu wissen
dass Du um mich wirkliche Tränen
verschwiegen hast.

Hörst Du mir zu, Irene
Ich schweige nicht
Ich schreibe meine Gefühle auf
und die jungen Mädchen gehen stumm
zum Wohltätigkeitsball ohne Schleife im Haar.

Hast Du eigentlich jemals den Geruch
einer verbrannten Liebe gerochen?
Er ist allgegenwärtig
zwischen Kinos und Bahnhöfen
In Karlsruhe
in Pforzheim
in Ulm
in Stuttgart
Zwischen Zitronenbäumen und Sandkästen
Mitten in der Hauptallee
und in der Wasserleitung
neben einer Heuschreckenwolke.
In Deinen Haaren, Irene, ist dieser Duft
Hör bitte auf
sogar nach Deinem Tode
Bataillone von Schmerzen zu versenden.

Hast Du unsere erste Nacht noch in Erinnerung?
- die Verheißung des Lebens -
nannte ich sie mal
und es ist gut zu wissen

dass Du darauf lediglich ein Achselzucken übrig
hattest.

Weil Du mir Deine Seele ausgeliehen hattest
wollte ich neue Planetensysteme suchen
Kastanienbäume zu Orangenbäumen umzüchten
„ es wird ein Ende kommen müssen"
sagtest Du mit einer beängstigenden Fremdheit
und erwartetest eine Lösung
die ich parat haben sollte
die aber nie parat sein konnte.

Ich spüre noch Deine Küsse, Irene
jedes Mal, wenn ich einen Garten sehe
jedes Mal, wenn ich einer Frau begegne
jedes Mal, wenn ich atme
"
Deine Lippen sind stets mit meinen vereint
als wären wir beide noch unter den Lebenden.

Irene ist tot
und für Dich wollte ich zum Verräter werden
meinen Blutschwur brechen
Theater schließen lassen
Und Vorstellungen für Dich allein abhalten
Keiner hätte sie erkennen können
zweitausendvierhundert Plätze, alle leer
bis auf Deinen Platz und meinen in der Loge
um Dich zu beobachten
bis kein Verstand mehr begreifen kann.

Ich weiß nicht, ob ich jemals gelogen habe
nicht einmal vor einem Jahrhundert
als ich begann
meine Identität zu suchen.
Irene, du jedoch schleppst Deine Erfahrungen
unter fremden Sternen und nur
weil sie den gleichen Namen trugen.

Am Horizont des Schicksals

wenn Schuld und Handeln definiert werden
mahntest Du ausdrücklich die Tatsache an
dass irgendwo die wahre Liebe existiert
Du jedoch mit den Gegebenheiten zufrieden bist
und das drückte die Arglosigkeit aus!

Immer wieder wurdest Du der Erfahrung ausgeliefert
die Du nicht einordnen konntest
und Angesicht dieser Erfahrung
besser gesagt, dieser Vermutung
dass alles von irgendwoher bestimmt
und unanfechtbar sei
warst Du mir so entfernt wie nie.

Im stillen Kämmerlein jedoch
wenn Du mich als „meine große Liebe" ansprachst
da stimmtest Du mit mir ein:
„Es lebe die Anarchie"

Irene ist tot
von Dir abhängig
und dieses befähigt mich zu leiden
so zu leiden, bis die Frage
nach dem Sinn des Existierens aufkommt.

Alles, was ich schreibe
redet von Dir
Nenn mich Christ oder Sadist
oder nenn mich christlichen Sadisten.
Nenn mich Lehrer oder Schüler
oder lehrenden Schüler.
Nenn mich Mann oder Liebhaber
aber sag niemals Schicksal zu mir.

Bist Du jetzt traurig, Irene?
Empfindest Du etwas in Deinem Dasein?
Schmerz und Freude, sind die da?

Manche gehen Richtung Süden
andere wiederum nach Norden

es gibt aber auch manche, die stehen bleiben
den letzten Rest leertrinken
um die nächste Flasche zu öffnen.
Empfindest Du Durst
oder hast Du lediglich das Empfinden
der Gleichgültigkeit
unter Deiner Zunge.

Eigentlich war es immer so
als Du noch am Leben warst
oder laß es mich es so ausdrücken
wie ich es empfunden habe
als Du mich noch geliebt hast.

Trägst Du noch unter Deiner Zunge
den Geschmack meiner Küsse
Endet Dein verführerischer Blick
beim Untergehen der Abendsonne
Wenn ja, dann bist Du fast am Ziel
meiner geheimen Träume, aber nur fast.

Wenn ich in der Abstellkammer der Gedanken wühle
suche ich nach der Brauchbarkeit
der verschiedenen Horizonte
Und das Wort „Verständnis" taucht immer wieder auf
und „Toleranz"
wie wenn es ein Kochrezept
über unsere Beziehung gäbe.

Als einzig lehrenden Grundsatz lasse ich
nur das Gefühl gelten
Und Gefühl war Dir nicht fremd, Irene
was Dir fehlte, ich muss wieder kritisieren
war, Deine eigene Entfremdung zu erkennen.

Verstehe mich
Ich sehe dies nicht als Fehlleistung an
das Verständnis Deiner Sinne und Gedanken
und die festgeschriebene ethische Gesinnung
haben sich verändert

Du bist jedoch die „Gleiche" geblieben, äußerlich.

Einmal jedoch, kannst Du Dich noch entsinnen?
Erkanntest Du Dein anderes Gesicht
Du erkanntest, dass es kein Tatbestand ist
was scheinbar wichtige Menschen behaupten.
Sondern dass Gerechtigkeit und Rechtsprechung
zwei verschiedene Aspekte des Gerechtseins
darstellen.
Du erkanntest und es erschreckte Dich
gib es zu,
dass das juristisch formulierte
und das existentiell gemeinte Leben
nicht unterschiedlicher sein können.

Wenn ich morgens aufwache, Irene
und den Geschmack des Rotweins
mit Zahnpasta egalisiere
dann spüre ich die Sekunden, die verrinnen
und jede dieser Sekunden ist ein Tropfen
im Ozean meiner Tränen

Dann sehe ich Dich im Winde drehen
umringt von zwei kleinen Engeln
die mit Dir Deinen Lieblingstanz vortragen
Du hattest ein Band in Deinem Haar
das sich durch den Wind
in allen Himmelsrichtungen dreht.

„Was ist das, was man Liebe nennt"
fragtest Du mich
„Was ist das was Dich nicht schlafen lässt"
„Was ist das was in mir so brennt"
und ich wich Dir aus.

Seele und Herz
wechseln lediglich Namen und Gestalt
In meinem letzten Leben, Irene
vermochte ich Dir keine Antwort zu geben
Dieses Leben scheint mir auch so kurz

darum wollen wir noch einmal geboren werden
damit ich Dir im dritten Leben
die Liebe erklären kann.

Ich wache allein auf
Die Gefühle im Banksafe
und weiß, dass ich wenn ich Dich nach zwei Jahren
wieder treffe
Johanna von Orleans
Maria Stuart
Cleopatra
Und Marilyn Monroe
allen einen Abfuhr erteilen werde

In den Träumen jedoch
In Deinen Lippen
In Deinen Lippen
Und Deinen Haaren
werde ich warten
als vollkommener Mann
der ich immer sein wollte.

Dann zünde ich mir
mit einer fahrigen Bewegung eine Zigarette an
und bemerke erst viel später,
dass ich Nichtraucher bin.
Eine Anzahl von Buchstaben stapelte sich
vor meinen Gedanken
und von da an beschloss ich
Dich ein Leben lang zu lieben.

Männer kommen und gehen, Irene
Sie bringen Dir Musik und ihre Herzen
Sie bringen Dir die Sterne
Und versprechen Dir das, was Du hören möchtest
Männer kommen und gehen, Irene
Ihre Sterne hinterlassen lediglich Staub
Und stehlen Dein Herz
Die Männer kommen und gehen, Irene
Und Du erhältst Trinkgelder für die Liebe.

Ozeane werden Dir versprochen
Doch Pfützen sind lediglich das, was Du vorfindest
Mit einem Lächeln kommen sie, Irene
Und Du bleibst mit Deinen Träumen allein

Ich lausche der Stille
Du summtest eine Melodie
war es unsere?
Und ich lauschte weiter und hörte
nur Deine Stimme auf dem Anrufbeantworter
So verkroch ich mich in der Dunkelheit
betrachtete Deine Photos
es ist wahr
dass Liebe keine Regeln braucht
genau so wenig
wie Rosen einen anderen Duft.

Die Nacht, die 24 Stunden hatte

1
Ich möchte uns begrüßen
Der Schein trügt
Denn ich stehe noch aufrecht
Wie der ewige Soldat.

Guten Tag !
Lasst mich zu Buchstaben werden
Um das Gedachte zu beleben.

Reicht mir die Krücken
Der Unbefangenheit.
Nehmt mir das Bürgerliche
Und lasst mir mein Anarchistengesicht.

2.
Du bevölkerst die Angst
Mit riesigen Bambusstöcken
Sagtest Du etwas von Treue?

Verachten werde ich niemanden
Auch wenn er mit dem Reiseführer
Über NS-Methoden diskutiert.

Siehst Du den Unterschied
Da Du ? warst, nicht mehr da, als ich kam
Und als Du zurückkehrtest
War unsichtbar mein Elixier.

3.
Seit drei Tagen streiten wir uns
Und der Grund ist längst vergessen.
Dann durchkreuzten wir die Hauptallee
Und Du fragtest: "Kennst Du noch diesen Baum?"
Und da begann ich zu altern.

4.
Die Kunst
In welcher Form auch immer
Ist heilig und unantastbar
Und dann wieder
Wird sie zur Hure
Die sich für wenige Groschen hergibt.

Was bin ich doch für ein Zuhälter.

5.
Der Pope hatte gerade
Sein Fünfzigcent Gesicht auf
Als er in gekonnter Manier
Sein Gebet murmelte.

Bewundernswert
Das alles ohne Souffleure.

6.
Schreibe ein Gedicht über uns
Und ich tat es
Mitten im Garten
Deiner nicht endenden Phantasien
Und dann wolltest Du noch eins.

Schreibe ein Gedicht über uns
Und ich tat es
Mitten im Garten
Deiner nicht endenden Phantasien
Und dann war's Dir schon langweilig.

7.
Marcia ist wieder da
Die Kompanie hat sich versammelt
Hopp Ballerina hopp.

Ob in Rio oder in der Met.
Ob in Stuttgart oder in Shanghai
Rita Hayworth kommt mir in den Sinn
Orson Welles auch.
Du als Kameliendame und er als Othello.

Marcia ist wieder da
Wie die Sonne zu ihrem Planeten
Nach einem Vulkanausbruch.

8.
Du hast nur noch die eine Kugel
Oder die Wahl, einfach abzuhauen.
Was sind schon Tabletten
Oder der Sturz aus dem Fenster.

Die Kugel als Symbol der Größe
Gift, der Preis der Lächerlichkeit.
Hast Du die Worte von A. noch im Kopf
Wir haben ihn ausgelacht
Wie einen Jäger in der Steppe
Und dann verschwand er
Als Eremit in einer Katakombe.

9.
Ich habe Dir Blumen mitgebracht
Wie andere ihren Körper
Und als Dank
Kamen sie
In Deine engste Vase.

10.
Was bleibt, ist die Erinnerung
Oder ein Kleeblatt
Der Rest
Falls es einen gab
Ist metaphysisch
Oder in der Katalepsie.

Sei Du.

11.
Sie schlafen auf Straßen
Um am nächsten Morgen
Den neuen Tag zu bekämpfen.

Sie essen mikroskopisch
Und durchleiden TB oder Lepra
Wie andere ein Theaterstück oder Fußballspiel.

Sie kennen keine Liebe
Und freuen sich schon über ein -- Guten Tag --
Sie tragen keine Kleidung
Außer einigen Lumpen
Mit denen man sie verbrennt
Mit den Worten : -- Einer weniger --

Märtyrer gibt es noch genügend.

12.
Ich fürchte manchmal
Dass ich meinen Ursprung vergesse
So wie an dem Morgen vor sieben Monaten
Als ich Dich nicht erkannte.

13.
Sie kaute den letzten Bissen
Und spülte ihren Mund mit Gin
Dann machte sie sich für ihn fertig.

Er sagte etwas von Liebe und so
Von Sternen und Gestirnen, doch
All das kannte sie schon längst.

Sie schliefen fast gleichzeitig ein
Um am nächsten Morgen, der kommen musste
Getrennt zu erwachen.

Er hinterließ ihr eine Nachricht
Und einen Geldschein
Den sie am nächsten Morgen
Beim Friseur ausgab.

Sie hatten den vierten Hochzeitstag.

14.
Dann lagst Du da.
Fast wieder zum Leben zurückgekehrt
Und wolltest eine Zigarette.
Du sagtest: "Ich sehe scheußlich aus"
Und ich meinte: "Im Gegenteil"

Und ich schwindelte nicht.
Du hattest Deine alte und eine neue Schönheit.
Verzeih mir
Dass ich keinen Spiegel bei mir hatte.

Ich erinnerte mich an Tropfsteinhöhlen
Und an Hubschrauber
Doch ich fand keinen Zusammenhang.
Vielleicht muss man den Versuch wagen
Um sich zu erkennen.

15.
Und sie hassten sich bis an den Tag
Als sie im Beisein der Generäle
Ihre Ochsenschwanzsuppe
In der Regenrinne hinunterspülten.

Damit war der Krieg vorbei
Und Vietnam vereint.

16.
Ich traf Dich so oft
Und traf Dich doch nicht
Und dann begann die Nacht
Die vierundzwanzig Stunden hatte.

Ist es nicht ein schönes Gefühl
Zu erwachen und am Leben zu sein.

Dieses Gedicht ist für Dich
Und für Gott
Den ich heute zum ersten Mal nach Jahren
Wieder ansprach.
Ich danke Euch beiden.

17.
Ich gehe die alten Straßen
Durchkreuze bekannte Gesichter
Die alt geworden sind.
Ich schreibe dieses Gedicht
Das keines werden soll
In einer unendlich phantastischen Stimmung.
Vergangenheit und Gegenwart werden eins
Die Zuflucht ist nur der Sprung
Ins geweihte Wasser.
Immer, wenn ich die alten Straßen sehe
Überholt mich Dein Schatten,
Der irgendwann einmal gestern
Oder vor einem Jahrhundert
Hier wohnte.

18.
Er ist so feinfühlig,
Dass er sich noch täglich
An den Augusttag vor fünf Jahren erinnern kann,
Als er eine Ameise platt trat.

Er erzählt es täglich seinen Kindern
Und verschweigt
Seine Tätigkeit als Folterer
Bei der Militärpolizei.

19.
Wenn die Sonne heiß über den Dächern
Erscheint, aus den Fenstern Kinderstimmen
Sich mit dem Gesang der Vögel vermischen, wenn
Die Blumen am Sims neue Blüten haben und
Du Deine Liebe mit Kaffeegeruch weckst,
Dann entdeckst du all das
Was dem Leben seinen Namen gab.

20.
Du lachtest, dass man meinen könnte
Du stammst aus einer anderen Galaxie.
Besinne dich auf Früher
Und verkenne nicht die Ausgelassenheit
Die du als Aushängeschild
Am Halse trugst, wie andere Kruzifixe.

Du hattest ein Lachen,
Mach es nicht zu Farce.

21.
Es traf mich schon
Als ein Freund zu mir sagte
-- Du bist reifer geworden --

Ich wusste, irgendetwas hatte sich verändert
Und da erkannte ich,
Dass ich meine Jugend verlor.

22.
Manche Menschen
Sind nicht dafür gemacht, etwas zu verstehen.

Du musst mich nicht lieben
Genauso, wie Du nicht wissen musst
Wie viel Menschen heute
Ananaskompott als Nachtisch essen.
Die Galaxis ist nur für Dich da
Wie der Bordeauxteppich
Und Dein silberner Name.
Erkenne mit Verstand
Und töte aus Neugier.

23.
Ich brauche Worte, damit ich träume
Ich brauche Sonne, damit ich sehe
Ich brauche Wärme, damit ich spüre
Ich brauche Dich, damit ich lebe.

24.
Genug für Heute
Die Augen werden langsam kleiner
Und die Müdigkeit größer.
Wieder einmal ein Tag vorbei.
Einer aus der Masse meines Existierens.
Sicherlich gab es schönere,
Miesere aber auch.

Griechenland wurde öfters befreit
Deutschland gab es mal in zwei Versionen
Frankreich ist die Heimat Eluards.

Es gibt Menschen, die halten
Sardinenbüchsenöffner für ein Weltwunder.
Andere mögen dagegen nur Karottensaft.
Warum soll ich da noch nach
Zusammenhängen suchen.

Genug für Heute
Noch ein paar solche Nächte
Und man feiert mich als neuen Stern
Oder opfert mich
Um bei Gott Gnade für die Menschen zu erbitten.

Ein geheimnisvolles Licht jenseits meiner Trauer

1

Glaubst Du an das Pathos, Sandra?
Glaubst Du an die Glut und an das Feuer?
Glaubst Du, dass Herzen brennen können?
Glaubst Du, dass es eine Leidenschaft gibt?
Kennst Du die Ekstasen der Phantasien?
Kennst Du den Rausch, der die Sinne lahm legt?
Ich bin von einem Phantom hingerissen, Sandra
Und dieses Phantom bist Du.
Ich bin nicht der Superman,
Bin kein Zorro und kein James Bond.
Ich bin einer aus der Masse,
Der dennoch sich von dieser Masse absondern
Möchte,
Du bist meine Muse, Sandra.
Bitte vertraue mir.

2

Eisernes Schweigen wollte ich mir auferlegen.
Wollte allein von Dir träumen,
Wollte die ganze Welt mit einem Handstreich
Wegwischen.
Allseits starrst Du mich an,
Alles, was ich betrachte erhält Dein Format,
Alles was ich anfasse, bekommt Deine Prägung.
Ist das Wahnsinn?
Bin ich wirklich so verrückt geworden?
Zeitempfinden und Realität verschmelzen,
Meine Gedanken kreisen nur um Dich.
Ich weiß nicht, was ich tu.
Eifersucht auf Alles überkommt mich.
Unentschlossenheit macht sich breit.

3

Wenn ein Tag vergeht und ich
Dich nicht für Sekunden sehen kann,
Dann blitzen Überschallflugzeuge durch mein Hirn,
Verwüsten meine Sinne.
Ich fühle, wie mich die Leute beobachten,
In der S-Bahn oder in der Fußgängerzone,
Im Restaurant oder beim Zeitungsstand .
Augen drehen sich zu mir
Ich kann die Fragen nicht beantworten,
Kann nichts sondieren
Kann nichts erwägen
Bin machtlos.
Wie ich diese Ruhe liebe,
Wenn ich Dir schreiben darf
Wie ich es genieße, wenn ich weiß,
Dass Du dann diesen Brief, dieses Papier in den Händen hältst.
Es gibt keinen Lärm und keine Attraktion.
Es gibt keinen Trubel
Es ist die Übersichtlichkeit der Buchstaben,
Die den Weg vorgibt.
Wenn jetzt ein Feuer ausbrechen würde,
Ich stünde mittendrin und würde nichts spüren.
Sämtliche Sinne sind durch Dich belegt.
Ich möchte mein Geheimnis wahren,
Nicht einmal dem Obstverkäufer sagen.
Ich möchte es Dir jedoch offenbaren, Dir,
Die Du mir so fremd und gleichzeitig so nah bist.
Lass mich den Weg finden Sandra,
Den Weg der zu Dir führt,
Den Weg der mir das Tor zu Deinem Reich anzeigt.

4

Einmal habe ich Deinen Namen genannt
Und jedes Mal, wenn Du, durch sicherlich gewollte
Zufälle, Dich in meiner Nähe aufgehalten hast, da
Spürte ich das, was einem Kraft gibt, das, was
Einem Lebensmut gibt, das was einen auffordert

-- Mach weiter --.

In meinen Träumen sehe ich Dich auf einer rosa
Wolke die durch die Räume, in denen ich mich
Gerade aufhalte, schweben.
Lass mir bitte diese Wolke. Wenn Du mir schreiben
Möchtest, erreichst Du mich auf Wolke 38c.

5

Dein Anblick,
Die Wärme, die durch Dein Bild entsteht
Ist zur Wärme meines Pulses geworden.
Die Tage vergehen immer schneller.
Immer kürzer werden die Intervalle
Und ich merke wie ich zum ersten Mal im meinem
Leben
Ungeduldig werde.
Die Ungeduld der Erwartung, diese Sehnsucht
Für Augenblicke wieder in Deiner Nähe zu sein.
Und ich werde mich nicht verstecken,
Ich werde vor Dich treten und mich zu erkennen
Geben
Ich werde beten dass Du dann Deine Zeit mit
Mir verbinden kannst.

6

Wieder einmal allein.
Eingeschlossen in diesen vier Wänden,
die mich von der Außenwelt verstecken.
Allein inmitten toter Möbel
und lebloser Photographien
liege ich, ohne von meinem " Sein"
ein Bild machen zu können.
Ich verfange mich in nichts
einbringende Philosophien.
Wieder einmal allein mit meinen Träumen
und Erinnerungen.
Wie aus einer anderen Welt, fern,
sehr weit entfernt, vernehme ich die Klagegesänge
und wundere mich,
dass man überhaupt um mich weinen kann.

Vor meinem Fenster breitet sich ein Meer
von Stimmen aus und trotzdem fühle
Ich mich so einsam.
Langweilige Stimmen,
unnütze Sätze, anekelnde Individuen.
Was soll ich dort?
Die haben draußen ihre Welt.
Meine ist hier, in diesem Zimmer,
ein lebender Toter.
Meine Welt ist die Verbannung meines Körpers.
Manchmal möchte ich aufschreien,
damit überhaupt jemand von mir Notiz nimmt:
" Ich lebe noch!"

Wieder einmal allein,
ein Nebel von Melancholie umzingelt mich
und versklavt meine Gedanken.
Nur wenn ich schlafe,
erlaube ich mir zu träumen,
und in letzter Zeit verstehe ich diese Träume nicht,
und die Einsamkeit macht mich wieder
zu ihrem Untertan.

Wenn ich träume,
dann ist es wie wenn ich immer schon gelebt habe.
Du bist bei mir
und die Nebel der Grausamkeit
sind verbannte Regenbogen
im endlosen Universum.

7

Vielleicht ist es die Bestimmung des Tages,
24 Stunden zu haben.
Manche Tage jedoch
scheinen nie aufhören zu wollen.
Vielleicht ist der Sinn des Lebens
solche Tage zu erleben.
Wie lang ist es eigentlich her,
dass ich Dich das letzte Mal sah?
Eine Woche ?
Ein Monat ?
Ein Jahr oder mehr ?
Ich weiß es nicht, was zählt ist,
dass Du weit weg bist, sehr weit weg.

Und jetzt liegst Du in seinen Armen
und es schmerzt.
Welche Dämonen spielen mit meinen Gefühlen?
Warum lassen sie mich in meiner Einsamkeit
Dich nicht vergessen.
Auf jeden Baum schreibe ich Deinen Namen.
Fremde Stimmen verlocken mich
und ich fühle mich so schwach.
Auf jeden Baum schreibe ich Deinen Namen,
Deinen Namen der Alles umfasst.
Der Saft der Rinde fließt wie mein Blut.
Ich fühle mich so krank
werde von Gespenstern verfolgt.

Was auch passiert,
Deinen Namen werde ich immer auf Bäume ritzen,
und die Morgenröte
wird mir dabei behilflich sein.

8

Was bin ich eigentlich für Dich?
Bin ich überhaupt jemand?
Existiere ich vielleicht nur in Briefen
Als verdorrte Tulpe,
kurzdauernde Zukunft,
als zertretene Blüte, als verlockender Abgrund?

Was bin ich eigentlich für Dich?
Ein vergessener Freund,
ein kranker Verbündeter,
ein Liebhaber der Phantasie ?
Du schreibst, ich wäre Dir ans Herz gewachsen.
Ich spüre jedoch um mich
Menschen ohne Augen.
Was sie empfinden,
ist die Rastlosigkeit der Angst.
Man bewundert den Schmerz
Umarmt das Unglück.
Und ich, ich sehe mich nicht mehr.
Um mich nur Menschen ohne Augen.
Verlorene Augenblicke der Hoffnung
und ich beobachte,
wie sie die Augen schließen.
Nein, Sandra, wenn Du mir erlaubst,
werde ich auch weiterhin
in Deiner geistigen Nähe sein.
Erlaube mir, Dich zu beschützen,
Zu behüten.
Erlaube mir, Dein Freund zu sein.
Erlaube mir, wenn Du es zulässt,
in 3 Monaten oder 50 Jahren
Mehr zu werden.

9

Aus dem Fenster fallen die Sonnenstrahlen.
Das dazwischen von Licht und Dunkelheit,
versteinert den Tod
Und ich sehe mich als Ungeheuer.
Die Gewitterwolken stärken mich.
Am liebsten würde ich
auf der Krone eines Baumes wohnen.
Auf der Krone einer Pinie
wie ein Adler herunter blicken um Dich zu suchen.
In meinen Krallen fühle ich die Kraft.
Ich spüre, wie der Wind durch Deine Haare weht.
Deine Haare werden zum Adler,
der Adler zur Asche,
aus der Asche blühen Rosen
daraus entstehen Ängste.
Diese Ängste werden zu Krallen
Die Krallen gebären mich.

10

Komm Sandra,
komm Du Zauberkraft des Glückes,
komm in meinen Träumen und beschütze mich.
Beschütze mich vor den Sirenen,
die meinen Tod verlangen,
verjage die Fledermäuse die mein Blut aufsaugen.
Deine Augen sind meine Hoffnung
Ohne Endziel.
Deine Augen sind die Troubadoure
meiner Ruhelosigkeit.
Habe ich jemals vorher existiert
oder begann mein Leben erst,
als ich Dich zum ersten Mal sah?
Welche Augenfarbe hast Du eigentlich?

Manchmal verspüre ich Rachegelüste.
Ich belüge Dich nicht, Sandra,

Ich fühle mich wie in der Verbannung.
Ich möchte kämpferisch sein,
möchte die Ärmel hochkrempeln
und in Robin Hood-Manier
die Gerechtigkeit suchen.
Manchmal fühle ich mich wie ein Hund im Winter,
der die Wärme sucht
und sich schließlich im Wald verirrt.
Sandra, ich habe mich in Deinen Geist verliebt.

11

Es stimmt, dass die Hoffnung der Strohhalm ist,
an den man sich klammert,
aber über Strohhalme sagt man
sie seien zerbrechlich.
Tag und Nacht vermischt sich
meine Nächte sind erfüllt von Träumen und Ängsten.
Ich erinnere mich so an die Abende
mit meinen Freunden Stefan und Michael.
Sie waren so stolz darauf,
Berufssoldaten zu sein.
Ruhm und Ehre wurden strapaziert.
Soldaten sind Retter, sagten sie immer wieder
dass man in einer schicken Uniform
das eine oder andere Mädchen erobern könnte.
Sie spielten so gern Soldat,
verurteilten die Gräueltaten,
die geschehen sind oder nicht.
Sie waren sich da nicht immer einig,
aber Soldaten werden gefeiert,
Stefan und Michael ließen keine Feier aus.
„ Du würdest sehr gut als Soldat aussehen",
Sagte einmal Stefan.
Du wärst ein Idol.
Irgendwann später fragte mich eine ältere Dame,
die ihre Söhne im Irakkrieg verloren hatte,
ob ich beim Militär war.

Ich schüttelte nein sagend den Kopf
und ich spürte das Pathos,
das aus der Frau sprudelte.

12

Nachts träume ich.
Tote Stimmen, die ich nicht erkennen kann,
bevölkern mich.
Woher kommt ihr, fragte ich einige,
die teilweise blutüberströmt
und unerkennbar auf mich zukamen.
Aus Afghanistan, sagte eine Leiche,
die teilweise verwest war.
Ein anderer, dessen Kopf nur noch
von drei vier Fasern gehalten wurde,
sagte er komme aus Südafrika.
Ich bin ein Nachbar von Sandra, sagte mir ein dritter,
der keinerlei äußere Verletzungen hatte.
Die ersten zwei ließ ich beiseite
und kümmerte mich um den dritten.
Später, als ich dann zum Stadtpark ging,
bemerkte ich,
dass ich die Sprache der Bäume verstand.
Eine Birke fragte mich,
wer von uns ist Dein Lieblingsbaum.
Ich zeigte auf die Kastanie,
da vor Sandras Haus,
auch ein Kastanienbaum steht.
Kaum ging ich weiter, bemerkte ich
Wie der Kastanienbaum eine Axt nahm
und damit auf die anderen Bäume einschlug.

13

Ich wache auf,
denke an Dich
Bin der glücklichste Mensch in der ganzen Stadt.
Alles erfreut mich.
Ich schaue hübschen Mädchen nach,
lache und scherze und denke,
Dass wir zwei alt und grau geworden sind.
Du gibst mir einen leichten Schubs.
Dann ging ich in eine Kapelle,
um dafür zu beten,
dass wir zwei irgendwann den Weg finden
und beobachtete dabei,
wie der Pfarrer einen Hut anprobierte.
Ich lachte lauthals.
Im Kino schlief ich bei der spannendsten Szenen ein,
und als mich mein Nachbar sanft weckte,
lachte ich ebenfalls.
Dann begegnete ich Grigori.
Grigori war ein Schulfreund.
Ein Blindenhund führte ihn,
und er sagte, dass es eine Gasexplosion war.
Von da an war das Lachen verstummt.

Dann träume ich,
dass wir von einer längeren Reise zurückkommen.
Zurück aus der Stadt,
wo wir so vieles kennen
und trotzdem fremd sind.
Meine Hauswirtin war ganz entzückt von Dir.
Sie ist zauberhaft, hörte ich sie sagen.
Sie ist wunderbar, sagte der Gemüsehändler.
Dann kamen all meine Freunde,
wollten die Frau sehen, die mich erobert hat,
und Du standst abseits irgendwo in einer Ecke,
während ich mich feiern ließ.
Ich kam bei Dir vorbei
gab Dir einen flüchtigen Kuss.

Ein kleines Lächeln entsprang aus Deinen Lippen.
Ich küsste Dich erneut,
da hattest Du gelächelt,
Somit wurde es für mich ein glücklicher Tag.

14

Menschliche Tiere
Tierische Menschen
Begleiter meiner Träume.
Schöne Mädchen, reiche Männer,
verlockende Künsten.
Magische Worte verleiten mich.
Ich fühle mich so feig und frage mich,
warum ich Dich damals nicht angesprochen habe.
Vielleicht wäre alles anders gekommen.
Mein Herz klopft immer wieder.
Ich sehe schwarze Bilder,
Bilder, die nur meinen Tod wiedergeben.

Eines meiner Lieblingsmärchen ist die Geschichte vom Hirten, der, um die Dorfbewohner zu erschrecken, Alarm schlug. „Die Wölfe kommen, die Wölfe kommen" rief er, und die Leute strömten in die Gassen, um die Herden zu retten, doch er saß da, cool und abgeklärt und lachte sich über die Dummheit der anderen krumm. Als aber tatsächlich die Wölfe kamen, nützte sein Ganzes Jammern und Heulen nichts. Die Leute glaubten ihm kein Wort, und somit war er machtlos gegen die Meute.

So komme ich mir auch zurzeit vor.
Früher sprach ich bei jeder Gelegenheit von Liebe.
Ich spielte,
wusste dass dieses Wort einem Tür und Tor öffnet.
Ich vermochte nicht einmal, was es bedeutet.
Jetzt, da ich wahrhaftig liebe,
kann ich es Dir nicht beweisen, Sandra.

Ich möchte Dich glücklich sehen,
ich möchte, dass Du Freude ausstrahlst
Ich möchte, dass meine unermessliche Kraft
Für uns beide ausreicht.

15

Ich sehe immer wieder dieses Bild
Du irgendwo auf einen Felsen sitzend
Und Blüten zählend.
Dann sehe ich meine Ruhelosigkeit,
dann sehe ich, wie das Glück,
das nicht einmal begann, erlischt.
Ich träume immer den Traum der Träume
und sehe manchmal ein verlassenes Herz,
einen verstoßenen Atem,
einen vergessenen Geist.
Hass und Liebe sind so nah beieinander
und meine Gefühle pendeln um die eigene Achse,
Somit klage ich die Liebe an.

16
Sandra, Du bist das Wunder, das jede Nacht in
meinen Phantasien erscheint. Jetzt, da nur Schmerz
den Tag regiert, jetzt, da nur Schmerz über die
Dunkelheit herrscht.
Du bist die Hoffnung, die mich stärkt, wenn das Gute
mit dem Bösen kämpft. Du bist der Schlüssel, der die
Tür öffnet, diese geheimnisvolle Tür, die zu dem
schönsten Ort auf der Welt führt, zu Dir!
Der Wolkenbedeckte Himmel wird strahlend blau.
Die Freude überstrahlt alles und wenn ich die neue
Welt betrachte, weiß ich, dass hier das Paradies sein
muss, denn überall ist mit goldenen Buchstaben
Dein Name verewigt.

17

Rote Nelken sprießen aus meinem Herzen.
Sie allein kennen das Geheimnis. Sie allein können Glück, Freude, Liebe und Hoffnung nähren.
Denke an mich, liebste Sandra. Du sollst nie um mich weinen, Du sollst lediglich wissen, dass meine Liebe zu Dir stärker ist als jeder Tod.
Denke an mich, liebste Sandra, wenn Vögel auf meinem Grabstein Klagegesänge anstimmen.
Die Lügen gehen, die Wahrheit erscheint, und ich erkenne meine Ungeduld wie eine Mauer der Unwissenheit. Die Wahrheit geht, die Lügen kommen, und ich fühle mich so stark wie nie.

18

Immer wollte ich mit einem Raumschiff um die Erde kreisen, alles beobachten, alles wahrnehmen.
Ich möchte Generäle sehen, wie sie einsam in der Toilette das Klopapier suchen und niemand ihnen bei der Suche hilft.
Ich möchte einem seekranken Fischer bei der Arbeit zuschauen. Kanalarbeiter, Bankdirektoren, Huren, Pfarrer will ich beobachten. Dich jedoch möchte ich aus so einer Entfernung nicht sehen, da Du mir viel näher bist als all die anderen Menschen.
Du bist in allem, was ich sehe, in allem was ich tu, In allem, was ich erspähe. Und wenn es das letzte ist was ich tu, dann denke ich an Dich.
Und wenn es das letzte Wort ist, was ich sage, dann sage ich: Sandra.

19

Der ganze Himmel ist ein See von Erinnerungen.
Ich rede, um meine Gedanken nicht zu verraten. Ich schweige, damit mein Gehirn nicht ausruht. Ich will es allen beweisen, dass ich es geschafft habe.
Ich rede, um meine Gedanken nicht zu verraten. Ich schweige, damit mein Gehirn nicht ausruht, ich werde leben müssen, um Dich zu gewinnen.

20

Wenn die Lichter erlöschen, dann schwebst Du immer zu mir. Die Lichter sind erloschen und die Straßen trotzdem taghell. Die Träume erzählen sich einander. Wahre Liebe gibt es nicht in den Galerien, wahre Liebe spürte ich als ich Dich das erste Mal sah. Und noch mehr liebe ich Dich seit dem Tag, an dem Du Dich entferntest.
Allein suche ich im Himmel der Erwartungen. Wo ist die Hand, die mich führt, wo soll ich mit der Suche beginnen. Jemand ruft mir was zu, ich verstehe kein Wort. Aus der Ferne höre ich meinen Herzschlag. Die Dunkelheit hält meine Liebe gefangen, dichte Nebelfelder bedecken meinen
Körper. Ich glaube an das „Morgen", weil meine Gedanken Zukunftsorientiert sind. Ich glaube an den „ Frieden ", weil die Menschen irgendwann vernünftig werden müssen, ich glaube an das
„ Gute", weil Mensch sein im Grunde „gut sein" bedeutet. Ich glaube an Dich, weil sich eines Tages der Himmel öffnen wird um alle Liebende einzuladen.

21

Die Wolken möchte ich besteigen, um den Himmel der Liebe zu erreichen. Ich war niemals ein Held, meine Kraft erhielt ich durch Dein Lächeln. Die Sterne nahmen Dich mir fort und die Wolken ermüden mich. Aufgeben bedeutet Dich verlieren. Dich verlieren bedeutet Einsamkeit. Einsamkeit heißt Angst. Angst wird zur Feigheit und Feigheit erntet Mut zu etwas Neuem, aber ich möchte nur Dich!

22

Als Kind spielte ich in vielen Lotterien.
Hatte konkrete Pläne,
wenn der Hauptgewinn
meinen Namen tragen würde.
Essen für die Hungrigen wollte ich beschaffen.
Sämtliche Waffen aufkaufen
und auf dem Meeresgrund versenken.
Ruhestätten für Wohnungslose wollte ich erbauen.
Krankenhäuser,
Schulen,
Universitäten.
Heute denke ich immer noch an den Hauptgewinn
und weiß,
dass dieser Hauptgewinn
jede Minute in meiner Nähe war.

23

Ich möchte mir verzeihen können.
Für all die Tränen,
die mein Herz versteinert haben.
Das ganze Leben ist ein Roulette:
Rot, Schwarz, Gerade, Ungerade.
Das Rad drehte sich
und ich setzte immer aufs falsche Feld.
Ich möchte mir verzeihen können und weiß nicht wie.

Komm endlich,
Herrscher der Unterwelt, und nimm mich mit.
Nimm meinen Körper,
dessen Verfall ich nicht mehr ansehen kann.
Bringe diesen Körper in Dein Reich.
Die Seele jedoch wird zu Dir schweben,
Sandra.
Sie wird Dich begleiten und bewachen.
Ich möchte mich mit diesem Brief verabschieden.
Unsagbar süß waren all die Nächte,
die ich von Dir träumen durfte,
unvergesslich bleiben die erträumten Küsse.
Ich vergesse nie den Augenblick,
Als ich Dich zum ersten Mal sah.
Ich habe kein Recht zu vergessen.
Ich bin so müde,
so abgespannt, so ermattet.
Jeder Gedanke an Dich,
jede geistige Liebkosung lebt immer noch in mir.
Es ist der Strohhalm,
an den sich mein Leben klammert.
Diesen Strohhalm, den ich nicht loslassen möchte.
Ein geheimnisvolles Licht
brennt jenseits meiner Trauer
und eine mir nie beantwortete Frage
bleibt unbeantwortet: Warum?
Ich bin für Dich da. Ich werde immer für Dich da sein,
Sei es in 3 Monaten oder 50 Jahren.

Gedichte vor der Geburt

1
Sie sagte "Arsch"
Und ich sagte "Loch"
Und dann liebten wir uns.
Kann es je romantischer beginnen?

2
Wenn wir uns hassen
Dann sitzt sie stets in einer Ecke
Und hegt
Den Spähtrupp der Rache.
Immer dann,
Erhebt Sie ihre Augen
Und entschließt sich
Zum glorreichen Rückzug.

3
Berechnende Augen
Blicke wie Gammastrahlen
Begierig.
Es gibt unauflösbare Wandschirme
Dinge, die nicht existieren
Und doch sichtbar sind.
Es gab einmal jemanden
Der Selbstmord beging
Weil er keine Fragen mehr hatte.
Lass die Wolken frei
Öffne deine Flügel
Komm aus dem Bett
Das nur dazu da ist
Dein Geschlecht auszuweisen.
Frage
Frage immer.

4
"Das ist mein Risiko " sagte sie
Und steckte den Draht tief in ihren Körper
Um das Kind zu töten
Sein Kind
Und nichts sollte sie an ihn erinnern.
Dann legte sie sich
Flach auf den Boden
Spielte mit den Fingern im Blut
Und bemalte damit
Die Wände ihres Sarges.

5
Ich fand Dich
Drei Schritte vor dem Tod
Und gab Dir Wasser und Brot
Nahm Dich wie eine Tochter auf
Und lehrte Dich meine Moral.
Als Du dann nach Jahren
Alles gelernt hattest
Nahmst Du das Beil
Um mir den Kopf abzuhacken.

6
Am liebsten würde ich Dich
Von all meinen Widersachern
Vergewaltigen lassen.
Ich würde dabei zusehen
Denn etwas Grausameres
Könnte ich ihnen nicht zufügen.

7
„Was? Du schreibst Gedichte?"
Ist doch Scheiße, Junge!
„Mach doch mal was Vernünftiges
Geh mal in die Kneipe, geh ins Kino,
Bums ne Runde, tu was Verrücktes"
Und als ich Dir sagte,
Dass ich auch alles das ertrage
Hast Du mich wie einen
Polospieler angesehen
Der auf einem Esel reitet.

8
Ich warte immer noch darauf
Dass mich eine schöne Frau fragt
Wie ich am liebsten sterben möchte.
Dann würde ich antworten:
"Zwei Minuten, nachdem ich Dir den
Laufpass gegeben habe."

9
Ich habe tatsächlich fast alles ausprobiert.
Habe Rennpferde geritten
Bin über den Ozean geflogen
Habe Jungfrauen besessen
Fernöstliche Delikatessen verspeist
Bin auf Autobahnen zweihundertneunzig gefahren
Habe auf den Fingernägel gekaut
So getan, als ob ich arbeiten würde
In Kirchen gebetet
Auf Parkbänken onaniert
Den Besoffenen gespielt
Arschkriechern in den Arsch getreten
Ohne einen Pfennig den Millionär gespielt
Ich habe tatsächlich fast alles ausprobiert.
Fast!

10
Als ich meine erste Ameise umbrachte
War ich kaum fünf
Ich fühlte mich wie ein Ritter
Und erzählte es abends meiner Mutter
Und trank dabei genüsslich meine Milch.
Später habe ich Hunderte umgebracht
Ich war so sechzehn oder siebzehn
Ich fühlte mich wie ein Weltbeherrscher
Und erzählte es abends meinen Kumpels
Und trank dabei Bier aus der Flasche.
Wenn ich heute eine Ameise sehe
Bitte ich um Verzeihung
Für all meine Verbrechen.

11
Du gibst mir
Zehn Minuten von Deiner Zeit
Und ich zahle dafür.
Und bin so überglücklich.
Andere gaben Jahre
Unentgeltlich
Doch die sind mir so unbedeutend.

12
Gib einer Frau Deine Liebe
Und du stirbst
Wie ein Moskito
In der Gaskammer.
Gib einer Frau Dein Herz
Und Du endest
Als Rauchfang
In einer Hütte.

13
Ich lasse mir alles nehmen
Nur das Zusehen
Während Du Dich ankleidest
Das behalte ich für mich.
Ich bin der Sprüche satt
Staubkörnchen werden nie zu Gold
Solange man sie auch betrachtet.
So entschloss ich mich
Zu altern
Wie das kleine grüne Männlein
Aus der Zeichentrickserie

14
Dann sprichst Du von Langeweile
Und dass die Monotonie
Einen umbringen kann.
Du stellst Pläne auf
Entdeckst neue Dimensionen
Um zu erkennen
Dass Du nie die Chance bekommst
Das Erdachte zu realisieren.
Dann sprichst Du von Langeweile
Als wäre sie Dein Freund
Und öffnest das Fenster
Damit der Ostwind
Die Gesetze verweht
Die Dich so machen
Wie man Dich sehen will.

15
Ich könnte
Eine Woche lang ununterbrochen arbeiten
Eine Woche lang auf einem Bein stehen
Eine Woche lang Pommes mit Zwiebeln essen.
Doch keine Sekunde länger
Könnte ich Dich ertragen.

16
Oft sitze ich im Café
Und lass den Film ablaufen
Um meine Jugend zu betrachten.
Du sagtest immer:
„Deine Augen sind mein Spiegel."
Und ich glaubte es.
In Gedanken hast Du mich früher schon verloren.
Nur ich
Ich sterbe noch unseren Tod
Drittes Regal, zweite Reihe
Und ganz, ganz leise Rachmaninow.
Irgendwo weit weg
Wirst Du sicherlich um diese Zeit
Einen Kaffee trinken.

17
Wir saßen im Hinterhof
Und sahen Dir beim Tanzen zu
So unendlich weiblich
Wie Cleopatra
Wie Aphrodite.
Dann begann ich die Welt zu hassen
Weil sie durch ihre Anwesenheit
Deinen Tanz beleidigt.

18
Ist es Tag oder Nacht?
Ist es vielleicht Winter?
Es ist kalt.
Es stimmt, dass man einen Mann
Durch Intoleranz töten kann.
Sein Atem wird zum Nebelschleier
Mir ist kalt,
Wärme mich mit Deiner Gleichgültigkeit.

19
Deine Augen
Wie Gedichte von Cohen
Dein Gesicht
Wie Musik von Kristofferson
Dein Wesen
Wie Geschichten von Hemingway
Dein Körper
Wie Filme von Bergmann.
Deine Gedanken
Wie die meinen
Lass uns es zusammen versuchen.

20
Gedicht
All denen gewidmet, die ihre verlorene Moral,
Als Naturgesetz sehen:
Arschlöcher
Arschlöcher
Arschlöcher

21
Wenn ich schreibe,
Dann ist alles um mich nur "Du"
Früher wäre ich in einer Kneipe gelandet
Würde mir eine Zigarre anzünden
Oder eine Vollbusige anmachen.
Vielleicht hätte ich auch zu jaulen angefangen
Oder mich in einer Absteige gefunden.
Hätte ungeschälte Äpfel gegessen
Und Politiker nachgeäfft.
Jetzt, da ich nach Jahren wieder schreibe
Führst Du meine Hand
Und bemerkst nicht
Dass ich meine Freiheit brauche
Um dort zu enden
Wo Du herkommst.

22
Hast Du es gemerkt,
Dass ich, seit wir zusammen sind
Keinen anderen Körper berührt habe.
Es stimmt,
Dass Monotonie mich langweilt
So werde Dir bewusst,
Dass nur Du die Chance hast
Mich Dir zu eigen zu machen.

23
Als Du das letzte Mal hier warst
Hast du Deinen Büstenhalter vergessen.
Jedes Mal, bevor ich mich hinlege
Liebkose ich ihn wie ein Kind
Weil er so nach Dir riecht.
Dir ist der Großteil der Welt
Untertan.
Die Winde gehorchen nur Dir
Alles bekommt Dein Ansehen
Wenn Du es berührst
Hättest Du dich lieber vergessen
Hätten wir
Eine neue Generation gegründet.

24
All die Obszönitäten
Die man liest und sieht
Haben wir schon längst hinter uns.
Ich möchte, dass wir einander vergeben
Um uns so zu lieben
Wie es unserer Natur entspricht.
Du sagtest: "Ich lieb Dich"
Ich sagte: "Ich Dich auch"
Und dann gaben wir uns Richard Wagner hin
Ich mit meiner Empfindsamkeit
Und Du mit Deiner Vagina
Die nur das sein kann, was sie ist
Ein verlorener Gedanke.

25
Ich führe einen erbarmungslosen Krieg
Führe einen erbarmungslosen Krieg
Einen erbarmungslosen Krieg
Erbarmungslosen Krieg
Krieg
Wie unwichtig.

26
Verzeih mir
Fast hätte ich vergessen
Deine Photographie zu küssen, bevor ich einschlafe.
Ich warte auf Dich
Mit all der Erwartung
Mit all der Kraft
Die mir erlaubt
Nicht zu träumen.

27
Sicherlich gibt es solche Männer
Die wortlos
Eine Frau erobern.
Es gibt auch solche Männer
Die stundenlang reden
Für einen Drei-Sekunden-Liebesakt.
Ich sehe mich irgendwo dazwischen
Wie eine Gaswolke im Nebel.

28
Wenn Du willst
Werde ich ein Hampelmann
Um Dich zu erfreuen.
Wenn Du willst
Werde ich ein Gentleman
Damit Du mit mir angeben kannst
Wenn Du willst
Werde ich zum Menschen
Um mit Dir auf einer Stufe zu stehen.

29
Ich hasse all die,
Die von der Arbeit kommen,
Ihre Füße auf den Tisch legen,
Das Abendessen serviert bekommen
Und bis zum Einschlafen fernsehen.
Ich hasse all die,
Die ihren festen Bumstag haben
Brötchen mit Erdnussbutter beschmieren
Eine Scheibe Lyoner drauf
Und meinen, es wäre das Brot der Gerechten.
Ich hasse all die,
Die kein Fleisch kaufen
Weil sie auf das Eigenheim sparen.
Ich hasse all die,
Die unter der Bettdecke onanieren
Während sie die Apothekerzeitung betrachten
Ich hasse all die,
Die Moral predigen
Und die Nachbarskinder gedanklich ausziehen
Ich hasse all die.

30
Du stehst leise auf
Schaltest gleichzeitig das Radio ein
Gehst ins Bad
Machst das Frühstück
Weckst mich mit Kaffeegeruch und einem Kuss
Richtest die Betten
Lüftest das Zimmer
Und lächelst als würde es Dir Spaß machen.
Ich warte auf den Tag
Bis Dir der Kragen platzt
Und Dir Deine Freiheit bewusst wird
Bis dahin jedoch.......
Möchte ich mich still verhalten.

31
Kann es mir einfach nicht vorstellen
Sein Leben lang nur mit einer Frau zu vergeuden.
Sie jeden Tag im Bett zu haben
Jede Mahlzeit mit ihr zu teilen
Sehen, wie sie immer fetter wird
Ihre Stimme dauernd im Ohr
Ihre Haare im Waschbecken
Ihre Musik und ihre Bücher um mich
Und vielleicht irgendwann noch pflegen.
Kann es mir einfach nicht vorstellen
Mit dir vielleicht.

32
Ich bin ein Grieche, weißt Du es?
Ein Nachkomme von Platon und Aristophanes
Von Archimedes und Alexander dem Großen.
Von Leonidas und Odysseus.
Ich bin ein Grieche, weißt Du es?
Aus dem Teil Europas
Wo immer die Sonne strahlt.
Ich bin ein Grieche, weißt Du es?
Und habe Griechen gesehen
Die aus Pappbechern Sekt tranken
Die Knochen mit Messer und Gabel abnagten
Die Autos sahen und an UFOs dachten
Die „sumsum" sagten und Bienen meinten.
Ich bin ein Grieche, weißt Du es?
Und es gibt Griechen
Die sich für einen Freund zerfleischen
Die ihren letzten Cent teilen
Damit andere zu essen haben.
Ich bin ein Grieche, weißt Du es?
Und wenn Du mich liebst
Bitte dann mit allen Eigenschaften.

33
Ich hatte ausgerechnet,
Dass wir seit über einer Million Minuten
Zusammen sind.
Die meisten waren vergeudet
Aber diese wenige sind es
Die mich abhalten
Dich Ameisenbären vorzuwerfen.

34
Sei doch endlich einmal -Du-
Zieh die Maske vom Gesicht
Du lügst doch
Du lügst doch mit allen Deinen Gesten
Mit all Deinen Blicken
Bekundungen.
Du schläfst sogar wie ein Lügner und
Stelzen sind Deine einzigen Brücken.
Sei doch endlich einmal -Du-
Lass die Vorhänge runter
Der Applaus ist längst verstummt
Komm Komödiant
Allez-hopp
Es geht auch so
Verbeuge Dich ein letztes Mal
Um ewig aufrecht zu gehen.

35
Sie sagte:
„Weißt Du, dass wir uns gleichen"
Und ich stellte mir vor
Dass sie so wie ich sei.
Ich antwortete:
"Adieu für immer."

36
Beim Durchblättern eines Wörterbuchs
Fand ich unter: - Prostitution - :
Dirnenwesen / Gewerbliche Unzucht.
Ich wurde neugierig und schlug - Unzucht - auf:
Unkeusch / schamlos / ausschweifend.
- Der eingebildete Kranke -
Hat mich genauso amüsiert.

37
Genug!
Soviel Zeit für die Müllkippe.
So viele Opfer und für wen?
Genug!
Mein Hirn arbeitet nur noch im Schongang
Und ich nehme die U-Bahn zum Westbahnhof
Warum soll ich da noch warten?
Genug!
Ausnahmsweise warst Du nicht darauf vorbereitet
Ich habe es satt
Sogar Dein Kopftuch aus Olympia
Genug !
Ich will die Suche nach mir aufnehmen
Adieu
Vielleicht bekommst Du eine Postkarte
Aus Thailand oder Bochum
Genug!
Und in meinen Erinnerungen
Bleibst Du als die Unvollkommene

38
Ich brauche Dich wie den Tag und die Nacht
Wie das Lachen
Ich brauche Dich so wie das Glück
Die Freude
Ich brauche Dich so wie das Leben
Wie die Liebe
Ich brauche Dich mehr als meinen Körper.

39
Ich fand Dich zwischen zwei Bieren
Und verlor Dich beim ersten Schnee.
Du fragtest nach Feuer
Ich machte einen dummen Witz
Und in der Nacht in Deinen Armen
War es wie bei meiner Geburt.
Als ich erwachte,
November war es, glaub ich
Sah ich neben mir
Die Vertiefung im Kopfkissen
Und aus dem Fenster die ersten Schneeflocken.

40
Neulich hatte ich wieder einmal
Diesen einen Brief zur Hand
In dem Du mir von Deiner Liebe sprachst
Damals hatte ich ihn noch
Mit Eau de Cologne getränkt.
Heute bin ich entschieden glücklicher
Weil er endlich zu etwas nütze ist
Wenn auch nur als Toilettenpapier.
Danke!
Zum ersten Mal riecht mein Hintern
Nach Kölnisch Wasser.

41
Du hattest Deine eigene Art
Doch genau das fesselte mich an Dich.
Jetzt, da ich bei der Endabrechnung bin
Möchte ich Dich nicht vergessen.
Wenn Du mich heute sehen würdest,
Wäre Deine erste Frage:
„Was macht Dein grüner Pyjama"
Deine Toleranz ist,
Was Dich unvergessen macht.
Vielleicht ist das Geheimnis
Eines glücklichen Beisammenseins
In vier Worte zu fassen:
-- Einander die Freiheit lassen. --

42
Hier nun
Hier wo alles begann, endet es auch.
In diesen vier Mauern fanden wir uns
Als die Welt ihr Licht erhielt.
Als Fremde trafen wir uns
Als Fremde gehen wir entzwei.
Das dazwischen war jedoch Alles.
Niemals stirbt ein Toter
Und nie habe ich Dich weinen sehen
Hier nun,
Auf der Straße, die unser Spiegel war
Lebten wir wie der Marquis de Bon
Du nanntest mich immer Cyrano
Und ich gab Dir den Namen Bubulina.
Mit dem Instinkt einer Möwe
Setzten wir uns dem Schicksal entgegen
Um zu verlieren.
Hier leben die Zyklopen
Und das Meer ist hier Zuhause
Wie heißt Du eigentlich?

43
Ich möchte mit Euch abrechnen
Ihr, die nur genommen und nichts gegeben.
Ab jetzt herrschen neue Gesetze
Ihr seht mich strahlen
Denn die Sonne
hat sich mir verschworen.

Ein übersprungener Tag

Die ersten Sonnenstrahlen
stehlen sich durch die Jalousien
Eine lange Nacht
Endet unverhohlen
Ein kleines Kind weint
Oder ist es nur der Schrei
Eines, der sich eine Injektion verabreicht.
Täuschend sanft sind die Klänge
Die mir anraten, den Tag nicht zu beginnen.

Die oberflächliche Art meines Herzens
Wappnet sich zur Umkehr
Und die Stimme des Kindes
Oder der Schrei des Fixers
Sind nicht mehr zu vernehmen.

Alles ist eins
Oberbürgermeister und Kranführer
Bäckerlehrling oder Staatssekretär
Zivildienstleistender und Hartz IV Empfänger
Moskitos wie Nashörner
Menschen, die beim Friseur sitzen
Oder die, die auf der Sterbebahre liegen
Der, der gerade das Siegestor schießt
Oder der, der von seinem letzten Beischlaf träumt.
Die Farben des Glücks
Sind Farben der Sehnsucht

Die schönsten Utopien enden
Wenn der Versicherungsvertreter vor der Tür steht
Sicherheit geht vor Phantasie
Und ich denke nicht mehr
An die Gesichter der Stadt.

Es gibt keine einfache Antwort
Auf komplizierte Fragen
Und wie jede einfache Antwort, wäre diese falsch.
So, wie die Augen, die sich

In die Seele bohren, um die
Sehnsucht zu erkunden.

Angst war mir immer ein Fremdwort
Und trotzdem mein Wegweiser.
Angst um meinen falschen Heldenruhm.

Vorwärts, Ihr Schwachen und Bedürftigen
Vorwärts, Ihr Narren
Ich lenke Euch aus sicherer Entfernung
Ins Verderben.

Der Schlaf von Unfähigen
Könnte als Winterschlaf dienen
Und einen Bruchteil von meinem Glück
Spende ich an UNICEF in der Erwartung
Eines Seelenheils.

Es wird Zeit, über uns zu sprechen
Und ich sehe durch eine hell leuchtende Kerze
Verschwommen und fühle mich stolz
Keine Erinnerungen zu haben.

Bin so stolz, stundenlang von Dir
Geträumt zu haben.
Bin so stolz, tagelang auf Dich
Gewartet zu haben.
Bin so stolz, mich im Namen des Wahnsinns
Stolz zu nennen.

Als ich fror, reichtest Du mir Deinen Mantel
Und mir wurde noch kälter.
Als ich hungerte, gabst Du mir zu essen
Und ich wurde hungriger
Im Traum
Erlebe ich alles so unnatürlich intensiv
Da ich nichts nachholen kann.

Den Wendepunkt im Leben
Wo es anfängt, nicht mehr richtig zu laufen
Habe ich längst bemerkt.
Draußen steigt die Sonne auf
Und ich träume mich wieder einmal fort.
Dort weit weg, an den Ort
Der zeitlos die Anarchie bewacht.
Und beschließe, die Moral zu verteidigen
Die Staatsrichter einem auferlegen

-Die Welt ist männlich – sagtest Du
In der Unwirklichkeit des Zusammenlebens.
Ist das Ende eines Beginns
Ein neues Empfinden ohne Warnung ?
Lass uns die Zeit anhalten
Und sage mir
Ob Du auch so traurig bist wie ich?

Wir haben keine Worte mehr für einander
Und geduldige Umarmungen
Sind lediglich
Die Offenbarung einer Lächerlichkeit

An klaren Tagen
Die es auch gab, hier gebe ich Dir recht
Hatten wir die Leichtigkeit der Schwermut
Auf unserem Banner verewigt
Jetzt
Sind die Tische öde
Die Stühle leer
Die Tränen nicht vertrocknet.
Und wenn Du mich morgen anrufst
Erzähle ich Dir
Von einem übersprungenen Tag.

Telepathische Mitteilungen

Ein Romantiker

Er wird seine Handschuhe nehmen
Ohne sie geht er nie aus
Um sich in einer Kneipe
Einen gemütlichen Platz zu suchen.
Dann überdenkt er seine Fehler
Weint sich nach dem x-ten Bier eine Runde aus
Um seine Handschuhe zu nehmen
Um nach Hause zu seiner Frau zu gehen.
Er nennt sich selbst sentimental
Und glaubt, dass sein Hass
Eine Art Weltanschauung ist
Er jammert nicht
Kann ja doch nichts ändern, sagt er
Und vespert abends
Einen Fruchtjogurt mit Zwieback

Ein Überzeugter

Ganz zu Beginn
Warst Du so zurückhaltend
Dass ich fast an einen Fehlgriff dachte.
Jetzt, da ich überzeugt bin
Dass ich Alles wiederholen würde
Jetzt weiß ich
Du warst die richtige Frau für mich
Du hast gelernt
Mir Schmerzen zu bereiten
Was keine zuvor vollbracht hat.

Ein Williger

Du wolltest Grenzen
Jetzt hast Du sie.
Du wolltest Abstand
Jetzt hast Du ihn.
Du wolltest Reichtum
Jetzt hast Du ihn.
Du wolltest Ruhe
Jetzt hast Du sie.
Du wolltest Ehre
Jetzt hast Du sie.
Du wolltest Luxus
Jetzt hast Du ihn.
Du wolltest Liebe
Du hattest sie.

Ein Vergewaltiger

Wenn Du jetzt sterben würdest
Hätte ich nichts einzuwenden
Bring Dich doch um meinetwegen
Vielleicht fühlst Du Dich dann besser.
Heute hat jeder seine Grenzen
Es gibt keine Schwüre mehr
Keine Gebete
Alle Vögel sind am Sterben
Und werden Wasserstoffatome.
Es gab eine Zeit
Da hätte ich den Himmel rot angemalt
Wie gesagt, es gab diese Zeit.

Der Rache zuliebe
Vergewaltigte ich Dich im Traum.

Ein Kleinbürger

Das wahre Existieren
Meint mein Freund der Kleinbürger
Ist das Bürgertum
Und da ich Bürger bin
Muss ich mich anpassen können.
Immer, wenn mein Freund so anfängt
Erzählt er vom Unrecht
Das dem Dritten Reich
Widerfahren ist.
Er öffnet dann seine Geldbörse
Um das Bild irgendeiner
Witzfigur zu betrachten
Und ist traurig.

Immer, wenn es soweit ist
Schleicht er nach Hause
Um sich eine Zigarette anzuzünden
Und heimlich zu onanieren.

Ein Kirchgänger

Ganz gleich wie es anfängt
Es endet mit Hass
Und ich spüre Deinen Hass
Deinen nichts sagenden Blick
Außer
--Ich hasse dich –
Und ich tat Dir nichts
Nichts weiter, als jeder vor mir
Wieso soll ich vollkommen sein?
Heute ist Sonntag
Ein wirklich schöner Tag!

Ein Frager

Frag nie nach dem Warum
Belasse es, wie es ist
Schau nicht einmal die Wolken fragen
Warum sie so hoch und wir hier unten
Auf die Erlösung warten.
Wir wurden versklavt
Und sehen nur durch Ketten
Die Andere Schmuckstücke nennen.
Frag nie nach dem Warum
Und Du wirst sehen
Die Antwort wird Dich überholen.

Ein Anarchist

Mein Freund, der Anarchist
Schläft grundsätzlich auf dem Boden
Er hasst es
Traumtänzer genannt zu werden.
Er isst nur ungeschälte Äpfel
Und trinkt puren Wodka
Echt Gorbatschow, versteht sich.
Über seinem Arbeitsplatz hängen zwei Poster
Das von Fidel Castro neben dem von Verona
Feldbusch
Seine Freundin Jenny
Darf keine Damenbinden tragen
Sie erinnern ihn an Ketten
Und er möchte frei sein
So frei wie ein Kieselstein im Brunnen.
Abends dann,
Legt er sich auf eine Strohmatte
Auf einem Zwieback kauend
Und spinnt die große Weltrevolution
Mit Reißnägeln

Ein Monroe Fan

Einmal möchte ich
Marylin begegnen
Zwei Tage vor ihrem Tod
Ich würde sie umstimmen wollen
Würde ihr vieles sagen
Um mit ihr in einer Bar zu landen
Einige Whiskys zu schlürfen
Und sie dann ihrem Schicksal zu überlassen.

Ein Krieger

Heute führen wir Krieg
Gegen unsere Feinde
Und morgen verkaufen wir ihnen Waffen
Damit sie sich erholen können.

Heute lieben wir uns
In allen Versionen
Und morgen erinnere ich mich
Nur noch, wie ich eingeschlafen bin.

Heute halten wir uns
Mit Wörtern wie Ketten
Und morgen beuten wir uns aus
Indem wir uns verachten.

Heute ist
Don Quijotes Geburtstag
Und morgen
Jagen wir Windmühlen

Ein Werbefachmann

Was empfinden Sie beim Orgasmus
Hören Sie während dem Geschlechtsakt Musik
Und wenn, Bach oder Mozart
Pink Floyd vielleicht?
Machen Sie es traditionell
Oder abstrakt?
Sind Sie lieber oben oder unten
Essen Sie vielleicht etwas zwischendurch
Halten Sie dabei die Augen offen
Oder beißen Sie an Ihren Fingernägeln.
Was halten Sie
Vom gleichgeschlechtlichen Beischlaf
Kennen Sie ihn?
Machen Sie es mehrmals am Abend
Wie oft im Monat?
Es gibt Leute, die lesen nebenbei
Sie auch?
Mögen Sie die Nationalhymne?
Sind Ihnen Kirschen lieber als Aprikosen?
Füllen Sie den beiliegenden Bogen aus
Und wenn Sie unter den ersten zweihundert sind
Schicken wir Ihnen
Zwei Flaschen echten tibetanischen Reiswein.

Ein Sünder

Wenn Du sie haben willst
Nimm sie Dir einfach!
Und ich tat es
Tat es
Tat es nicht!

Ein Advokat

Bald werde ich es satt haben
Von Liebe zu sprechen
Überall Flaggen des Krieges
Unwissenheit
Und Du irgendwo in der Ferne
Schickst mir Mitteilungen
Durch Telepathie.
Ich will mich bemühen
Die Liebe zu töten
Eine Liebe, die nur vom Feuer umhüllt ist.
Ich hörte die Nachtigall
Zum ersten Mal in Deinem Zimmer
Steh bitte auf
Ich verschiebe die Hinrichtung.

Ein Handlungsreisender

Reisende soll man ziehen lassen
Geh und schließe die Tür
Wir haben keine Sprache mehr
Nur noch die
Die man in Filmen sieht.
Du wirst gehen
Ich werde mir einen antrinken
Versuchen, eine für die Nacht zu finden
Um am nächsten Morgen
In irgendeinem Bett aufzuwachen.
Geh und vergiss
Die Stunden die ich um Dich weinen werde.

Träume töten ohne Warnung

1
Ist doch merkwürdig, oder
Wir wissen, dass wir uns lieben
Und trotzdem haben wir nicht den Mut
Einander --komm-- zu sagen.

Wie lange ist es her?
Drei Tage oder fünf Jahre
Sind vielleicht nur Stunden vergangen
Die Zeit ist nicht mehr messbar.

Nimm Deinen Mantel.
Schwing Deinen Schal um
Und lass uns
Richtung Zukunft gehen.

2
Er sagte:
In vierundzwanzig Stunden hast Du alles
Was Du Dir je erträumt hast
Sie war still
Sprach nur leise seinen Namen.

Er nahm seinen Aktenkoffer
Und sprang mit fremder Hilfe
Aus dem siebten Stock.

3
Und sie bog um Null Uhr acht
Um die zweite Ampel rechts
Während ich die A8 weiter fuhr
Ohne zu wissen, was passiert ist.

4
Ich saß bei einer Tasse Kaffee
Dein Bild betrachtend
Dieses mit der Rose
Und dachte, dass Dich Stefan Zweig gekannt haben
Müsste.

Mittags beim Essen
War mir das Bild schon langweilig
Und ich stellte mir vor
Wie Du jetzt herein kommen würdest
Mit einer Rose in der Hand
Und dachte, dass Dich Knut Hamsun gekannt haben
Müsste.

Am Abend
Wurde mir bewusst: - Wieder ein verlorener Tag.
Wieder einmal ein Tag ohne Deine Umarmung
Und dachte, dass Dich Prevelakis gekannt haben
Müsste.

Als ich am nächsten Tag
Am Frühstückstisch bei einer Tasse Kaffe saß
War das Bild nicht mehr da.

5
Du hattest wieder einmal
Dein Donnerstagsgesicht auf
Diese Miene, die nur mir
In den letzten sechs Monaten gehörte.

Wir sprachen über unsere Zukunft
Wenn es überhaupt eine solche gibt
Und da bemerkte ich
Dass Du genauso verletzbar bist
Wie jede vor Dir.

6
Du hattest um Bedenkzeit gebeten
Und wolltest nach einer Woche
Auf meinen Vorschlag eingehen.
Ich sagte ok.
Wer so viele Jahre warten kann
Wird sieben Tage auch überstehen.

Und die Woche verging
So wie all die Wochen vorher
Und Du sagtest
Ich bin noch nicht so weit
Und wieder sagte ich ok
Und dazwischen
In der Gedenkminute des Wartens
Erlebte ich die Notwendigkeit
Die Flucht zu ergreifen.
Zum ersten Mal in meinem Leben.
Zum ersten Mal.

7
Ich hatte sie mir anders vorgestellt
Nicht so groß
Und etwas rundlicher um die Hüfte.
Jetzt, da sie neben mir saß
Konnte ich auch ihre sanfte Stimme richtig
einordnen.

So saßen wir fast drei Stunden
Sie, die ich nur vom Telefon kannte
Und ich mit meinen Versuchen
Das Treffen kurzweilig zu gestalten.
Es ist doch schön
Erfolg bei Frauen zu haben
Dachte ich
Als sie mir zum Abschied einen Kuss gab
Und ich dabei die Erleichterung spürte
Dem Ganzen ein Ende bereitet zu haben.

8
Das Aufstehen ist idiotisch
Das Lesen der Zeitung ist idiotisch
Frühstücken find ich idiotisch
An die Frau die man liebt, - denken – idiotisch
Träumen ist idiotisch
Suchen……idiotisch.

Das ganze Gerede vom Frieden ist idiotisch
Bürgerinitiativen find ich idiotisch
Zucker im Kaffee, idiotisch
Ein Kuss? Idiotisch!

An Dich denken, bis Kopfschmerzen kommen,
Idiotisch
Sehnsucht nach Dir spüren ist idiotisch

Ich bin so gern ein Idiot.

9
Alles schon mal gehört.
Politik
Menüs mit acht Gängen
Liebe
Alles schon mal gehört.

Hunger in der Welt
Liebesnächte ohne Ende
Hinrichtungen auf dem elektrischen Stuhl
Alles schon mal gehört.

Rolling Stones und Herbert Grönemeyer
Ausflugsdampfer auf der Saar
Labyrinth von Knossos.
Alles schon mal gehört.
Es langweilt mich.

10
Weißt Du, sagte sie
Während sie sich fürs Kino ankleidete:
Du trägst die falschen Klamotten.
Spencer und Jacquard Pullover sind -in-
Heute trägt man free style
Und weite, gekreppte Sommerhemden.

Weißt Du, sagte sie
Während sie sich immer noch zurechtmachte
Dein Rasierwasser ist matt
Heute hat man Lacoste Duft
Oder Karl Lagerfeld
Na ja, Boss als Alternative.

Weißt Du, sagte sie
Und sie betrachtete sich vor dem Spiegel
Ich versuche Dir etwas Jungsein zu vermitteln
Doch Du schließt alles aus.
Weißt Du, es macht keinen Spaß mehr mit Dir.
Ich möchte wieder einmal asiatisch essen gehen
Oregano -Gerüche wahrnehmen
Ofenfrische Pizzen serviert bekommen
Und die neue Galerie besuchen.

Und dann öffnete sich die Wartezimmertür
Und die Sprechstundenhilfe sagte:
"Der nächste bitte."

11
Lass uns zu Fuß nach Frankreich laufen
Lass uns nach Afrika oder Australien gehen
Nur Du und ich.
Und zwischen Bochum und Gelsenkirchen
Wechseln wir die Spur
Fahren Richtung Saarbrücken
Um Deine Schminktasche zu holen.

12
Ich legte mich ins Bett und sagte, ich bin müde.
Während Du noch den Krimi sehen wolltest
Du hast mich zugedeckt
Gabst mir einen Gutenachtkuss
Und ich wusste, irgendetwas stimmt nicht.

Ich fragte Dich, ob etwas wäre
Du sagtest, nein
Und Dein Blick ging Richtung Fernseher.

Am nächsten Morgen, war es wie immer,
Stand leise auf, um Dich nicht zu wecken
Du lagst da im Bett, halb bedeckt.

Am Abend
Warst Du nicht mehr da.
Im Abschiedsbrief stand lediglich:
--Tschüss, mach's gut....
...in der obersten Nachttischschublade findest Du
Die Reste Deiner Gefühle.-

13.
Zum hundertsten Mal
Las ich Deinen Brief vom letzten Donnerstag.
Und eine Passage werde ich nicht vergessen.
Da hast Du geschrieben:
Weißt du, was ich morgen meiner Kollegin sage? Ich
Werde sagen,
Ich werde diesen phantastischen Mann wieder
sehen und werde ihn dann vergewaltigen!!
(Ob er will oder nicht)

Leg den Hörer auf und komm.

14.
Hast Du es Dir so vorgestellt?
Aufstehen
Frühstücken
Jeder in sein Auto
Arbeiten
Nach Hause kommen
Abendessen
Schlafengehen.

Hast Du es Dir so vorgestellt?
" Der neue Scorcese läuft im Rex"
" Kein Interesse "
" Gehen wir heute chinesisch essen?"
" Kein Interesse "
" Kommst Du mit zum Fußball"
" Kein Interesse "

Hast Du es Dir so vorgestellt?
" Der Mülleimer ist voll!"
" Der Haken an der Wand ist los!"
" Das Küchenfenster muss man streichen!"

Hast Du es Dir so vorgestellt?
Sich anfassen
Kleidung schön säuberlich über den Stuhl
Drei heiße Küsse
Heftige Energiestöße
Ausatmen
Fragen, ob der andere fertig ist
Aufstehen.

Hast Du es Dir so vorgestellt?
Hast Du es?

15.
Es gibt die, die meinen
So zu sein, wie wir sind.
Und es gibt die, die versuchen
So zu sein, wie wir waren.
Wie töricht, nicht wahr.
Und wir erhaben über alles,
Wie die Drei aus dem Morgenland.

Es gibt gewisse Momente
Und da glaube ich
Dass ich mit Dir alles tun könnte.
Und dann wiederum
Merke ich, dass ich mich völlig
Deinem Willen unterwerfen würde.
Wir sind uns einig
Dass es die Ewigkeit nicht gibt
Aber sind es nicht die heimlichen Stunden
Die uns so viel bedeuten?

Als ich das erste Mal mit Dir schlief
Da war es, wie wenn ich ein Kapitel
Abhaken würde.
Kannst Du mit dem Begriff
Vier Komma zwei was anfangen?
Eines vorweg,
In dem Komma zwei bist Du!

Komm näher, sei nicht scheu
Und wenn Du Dir nicht sicher bist
Gibt es zwei Möglichkeiten:
Entweder wir vergessen Alles und Alle
Oder wir bleiben weiterhin
Sklaven der Intoleranz.
Jetzt bist Du dran.

Uns bleiben die Minuten am Telefon.
Man kann sie nicht leugnen
Genauso wie die Besuche in F.
Ich liebe F.

Fast wie ich Dich liebe
Dich, die ich vielleicht nie habe
Aber der ich ein Leben lang huldigen werde.

Ich schließe die Augen und sehe Dich
Und immer muss ich daran denken
Wie schön Du bist
Wie abgöttisch schön.
Zum Verbieten schön.

Und dann sehe ich Dich im Traum
Wie Du auf mich wartest
Und male es mir so plastisch vor,
Dass es weh tut, wenn ich den Hörer auflege.
Ich sehe Dich auf mich wartend.
Leonard Cohen ist zu hören
Dann erschreckst Du die Welt.
Sagst, Scheiß die Wand an
Und die Romantik stirbt.

Immer, immer wieder warte ich auf Dich
Und dieses Warten wird zur Entfaltung
Die Minuten zum offenen Wort
Und Du kommst
Mit fünf Spangen
Als hättest Du alle Kontinente in Deinen Haaren
Verstehst Du mich jetzt?

Du atmest dieselbe Luft
Und meine Tage und Nächte
Sind zu Deinen Sklaven geworden
Deine Schönheit beherrscht alles.

Hoffnungen sind stets erfolglos
Und Träume töten ohne Warnung.

Ich bin unsagbar müde
Zu müde, um gegen Windmühlen zu kämpfen
Aber jederzeit bereit
Dein zu sein.

Teilvisum zur Vollkommenheit

1
Wieder wird es Abend
Und wenn die Sonne weicht
Kommen die Stunden
Mit denen ich nichts anfangen kann.

Die Einsamkeit nennt mir meine Fehler
Und erinnert mich an all die Tränen
Die ich nicht vergossen habe.
Sie flüstert mir Worte zu
Die nie von meinen Lippen kommen
Und mir wird bewusst
Dass mir Deine Nähe fehlt.

Wieder wird es Abend
Und wenn die Sonne weicht
Kommen die Stunden......

2
Wie ein einsamer Baum
Ohne Blätter und Geschichten
Habe ich mich gefühlt.
Und so erkannte ich in Deinen Augen
Diesen Weltschmerz.

Mit tausend Farben bemaltest Du
Die Hoffnungen
Und ich liebkose den Telefonhörer
Wenn Du am Sprechen bist.

3
Vielleicht sind wir einander
Durch einen Fluch verbunden
Der 1789
Oder einen Tag später ausgesprochen wurde.

4
Die Tage vergehen schnell
In den verwunschenen Herzen
Und die Träume treffen sich wie immer
Am Bahnhof
Erfüllt von Tristesse
Wenigstens dort.

5
Du hast mich gelehrt, die Blumen zu verstehen
Du hast mir vom Leben vorgesungen
Vom Frühling
Du brachtest mir den Mond
Aus der Tiefe des Meeres
Du gabst mir Nektar von Deinen Lippen
und sagtest: Denke positiv.
Denke positiv.

Du, die mir das Leben verschönert
Du, die mir Balladen beibringt
Du besiegtest die Traurigkeit mit einem Lächeln.

Du, die mich die Liebe lehrte
Du, die Wunden heiltest
Zähl die Abendstunden
Und komm.

6
Man gibt sich so viel Mühe
So zu sein
Wie es Andere möchten.
Hält Richtlinien ein
Die im Alltag verwischt werden
Und liebt Orte
Die 477 m über dem Meeresspiegel liegen.

7
Du sprichst vom Universum
Von Planeten und Astronauten.
Du zeigst mir die Grenzen
Und bevor ich mich der Lüge hingebe
Bitte ich um
Ein Teilvisum zur Vollkommenheit.

8
Die Einsamkeit meines Zimmers.
Der Weg ist lang
Wirst Du heute anrufen?
Da die Schrankwand, die Bücher
Die Zeitschriften, das Bild von
Carlos, Harry und mir.
Das Fernsehgerät, die Stereoanlage,
Ein Buch von Zweig.
Daneben eins von Hamsun.
Wirst Du heute anrufen?

Da sind einige Gläser,
eine halbvolle Flasche Ouzo.
Eine griechische Statue und eine Ikone.
Die Sitzgarnitur ist da und der Tisch
der Hund, drei CDs
Wirst Du heute anrufen?

Da ist der Blumentisch, der Katzenkorb
Der Heizkörper und das große Fenster.
Wie unwichtig all das
Wenn Du mich heute nicht anrufst.

9
Du suchst die Liebe
Und findest sie dort
Wo sie von Ängsten umzingelt.

Warum gibt es keine klaren Richtlinien
Sie dort
Du da
Beisammen hier.

10.
Wo ist Sie?
Fragte ich den Spiegel.

Wie die Sonntage sich ähneln
Auf den Straßen die Liebenden
So wie immer
Und irgendjemand fragt mich
Wo sie ist.
Doch ich.
Ich schweige.

11
So ist es, sagtest Du
Die Entfernung ist Medizin
Doch ich bin immer in Deiner Nähe
Gib es zu.

So ist es, sagte ich
Die Zeit heilt alles
Doch Du bist immer in meiner Nähe
Ich gebe es zu
Ich begehre Dich
So wie niemals zuvor.

12
Wenn die Lieder singen könnten
Würden sie von Dir singen
Wenn die Rosen einen Duft hätten
Würden sie Deinen nehmen
Wenn die Zärtlichkeit nach Zärtlichkeit suchen würde
Würde sie zu Dir kommen.
Wenn die Dunkelheit Licht suchen würde
Würde sie Deines nehmen
Wenn die Geborgenheit sich suchen würde
Würde sie sie bei Dir finden.
Wenn die Zuflucht eine Zuflucht suchen würde
Würde sie zu Dir kommen
Wenn die Menschen nach dem Lachen suchten
Würden sie es bei Dir finden.

Und heute
Offenbare ich Dir mein Geheimnis
Wenn die Liebe eine neue Dimension suchte
Würde sie meine nehmen.

13
Wenn die Züge einfahren
Sehe ich küssende Liebespaare.
Ich weiß, dass Du fern bist
Und trotzdem suche ich Dich in der Masse.

Wie wahr.
Ich weiß, was Du fühlst
und erkenne meine Grenzen.
Schick mir Deinen Geist
Und küss mich ein letztes Mal.

14
Aus Liebe stirbt man nicht.
Ich kann sicherlich
Auch ohne Dich leben
Und trotzdem
Würde mein letztes Wort, wenn es so weit wäre
Dein Name
Sein.

15
Ich möchte Dich das Träumen lehren
Die Phantasie
Ich möchte Dir meine Lyrik erklären
Ohne Worte
Ich möchte Dir den Himmel beschreiben
Ohne Fragen
Ich möchte Dir das Leben erklären
Ohne Hass.

Als Gegenleistung
Bitte ich Dich
Mir die Liebe
Näher zu bringen.

Irgendwo zwischen Realität und Traum

1
............und bestätigt seine Dummheit
Mit dem Satz :
" Ist für mich zu kompliziert"
Und zieht danach sein Diktator Gesicht auf
Um mit seiner Frau ins Bett zu gehen.

2
Und wenn sie keine Argumente mehr haben
Beginnen sie um sich zu schlagen.
Immer dann
Kratzen sie sich zwischen den Beinen
Und träumen von ihrem Reich
Das totgeboren
Nie auferstehen wird.

3
Ich träume so gern von meinem Tod
Damit ich das Leben meistern kann.
Versuche neue Dimensionen zu finden
Die nie sichtbar werden.

Es ist doch lächerlich
Wie sich manche anstrengen
Um mein Leid zu erkunden.

Es lebe die Freundschaft
Dieses Gespenst
Das wie eine Mohnblume
Jedem Gewitter die Brust zeigt
Und sich der Stummheit widersetzt
Um zu schweigen.

4
Er hält sich heute noch für sehr
Bevorzugt, weil er Ende 44 irgendeiner
Witzfigur die Hand reichen durfte.

Heute ist er einer von Millionen
Schimpft auf Alle und Alles und ist
Für die Wiedereinführung der Todesstrafe.

Er hält sich heute noch für sehr
Bevorzugt, und organisiert Butterfahrten
Ins Sauerland.

5
Es lebe der Nehmer
Der unantastbare unermüdliche Egoist
Der in die Masse blickt
Und nur sich sieht.

Es lebe der Harte
Der ewige Sieger
Der oberste auf dem Podest
Der König aller.

Es lebe der Ewigkluge
Der mit einem Satz einen Roman erzählt
Mit einem Blick einen Film kritisiert.

Es lebe der Mann
Der die Frauen regiert
Der unermüdliche Befriediger
Die Kraftmaschine.

Es leben alle
Die nie Mensch waren
Sondern Menschen nur benutzen.

6
Eines Tages
Gehe ich zurück
Wenn ich den Weg finde.

Eines Tages
Gehe ich nach vorn
Bis ich den Weg erreiche.

Eines Tages
Bleibe ich
Um überall gewesen zu sein

7
War es rot oder grau
Beige vielleicht.
Die Farben sind verwischt
Fast wie der Schwur
Auf Heimat und Treue.

Du hast fast zwanzig Namen,
Zehn oder noch mehr Gesichter
Doch keine Opfer
Die Du den Göttern anbieten kannst.

Als Mensch wurde ich geboren.
Als Mensch versuche ich zu leben.
Und als Mensch möchte ich sterben.
Erkennst Du den Unterschied.

War es rot oder grau
Beige vielleicht.
Oder war es nur ein Hauch
Zwischen getrockneten Blättern.

8
Wieso hast Du mir nie von Deiner
Einsamkeit erzählt.
Wieso hast Du mir nie die Gräben gezeigt.
Wieso hast Du mir die Logarithmen verschwiegen.

Sprich nicht von damals
Nicht jetzt und nicht heute!
Das Damals war niemals vorhanden.

Du hast mir alles vorenthalten
Wie Deinen Körper
Den Du jetzt zu Markte trägst
Wie andere Kartoffeln.

Sprich nicht von damals.
Du nicht!

9
Das Kennzeichen des Krieges
Ist die Langeweile
Gähnen
Blut
Schreie
Tod.

Auf, ihr Soldaten
Voran zum Massaker
Bringt Feuer und Glut
Verrichtet die Befehle
Und versucht zu lächeln
Für die Verwandten zuhause.
Ihr langweilt mich so
Wie tote Ameisen.

10
Du bist ich
Ich bin Du
Du und ich sind wir
Wir sind Du und ich.

Es gibt kein nur "Ich"
Und es gibt kein nur "Du".
Du hast Deinen Körper und meinen Geist.
Ich habe meinen Körper und Deinen Geist
Also bin ich Du
Und Du ich.

Du sprichst von einem Eigenleben
Das es aber nicht geben kann.
Wenn Du durch mich denkst
Und ich durch Dich atme.

Es gibt Vereinbarungen
Und es gibt Beziehungen
Es gibt auch Verträge
Und es gibt die Selbstaufgabe
Lass uns wählen.

11
Ich möchte
Allzu gern wissen
Wie sich ein König
Auf der Toilette benimmt
Um mich einmal mit einem Herrscher
Solidarisch zu erklären.

12
Er kaufte sich einen zwei Meter langen Strick,
Fuhr mit einem Taxi zweimal
Quer durch die Stadt
Um sich für ein letztes Mal alles anzuschauen.
Dann erhängte er sich um 4.20 Uhr
An einem Kastanienbaum.

Das war vor fünf Jahren.
Damals das Stadtgespräch!
Und heute ist er nur eine Regenrinne
Zwischen Blockhütten.

Ich erinnere mich an ihn mit Wehmut.
Seine Zufluchtswelt ist uns allen überlegen
Denke ich,
Während ich aus dem Hotelfenster
Die Hektik betrachte.

13
Neben Dir
Vergaß ich, dass es noch andere Frauen gibt.
Und für Dich möchte ich alles sein.
Dabei weiß ich nicht
Ob die Folter ein Trost ist.

Neben Dir
Vergaß ich, dass es noch andere Frauen gibt.
Weil Du so sanft wie eine Wolke
Und so lebendig wie eine Rose bist.
Nein, der Mond ist auch nicht mein Trost.
Neben Dir
Vergaß ich, dass es noch andere Frauen gibt.
Weil auch nur ein Mond und eine Sonne
Sichtbar sind.
Und ich bringe Dir täglich meine Gabe
Die Du um 6.20 Uhr
zum Leben erweckst.

14
Irgendwo zwischen Realität und Traum
Wirst du erkennen, dass das Kino
Nicht einfach Kino ist.

Versteck Dich für zwei Stunden
Und sei ein Held oder die Begehrte.
Sei wie Du willst
Und kaufe Dir für fünf Euro
Den Schlüssel des Ausgelassen seins.

Irgendwo zwischen Realität und Traum
Erkennst Du
Dass nicht nur Indianer
Oder Klöpplerinnen
Um ihr Leben kämpfen.

Stirb, Du Narr!

Gebete

1
Man hat uns das Fürchten gelehrt
Genauso wie das Schreiben
Damit sie mit uns
All die kleinen Spiele treiben können
Die am Rasierpinsel haften
Wie das Lächeln der Mona-Lisa

2
Einsam durch verregnete Straßen gehen
Keinen Laut vernehmen
Außer
Wenn irgendein Mülleimer umgeworfen wird
Und denken
Jetzt bin ich ein Herrscher!
So und nicht anders
Muss sich S. L. gefühlt haben
Als sie sich kopfüber
In den Neckar stürzte.

3
Ich fürchte mich
Und gebe es offen zu
Ich fürchte mich von dem Tag
Wenn Du nicht mehr hier bist.
Und es ist wie ein leises Sterben
Ohne Klageweiber.
Derjenige, der eine Liebe tötet
Sollte vorbehaltlos
Von dem Tag an
Als Spinne leben.

4
Fahren verboten
Betreten verboten
Lärm verboten
Baden verboten
Sprechen verboten
Lieben verboten
Lachen verboten
Leben verboten
Morden erlaubt
Stehlen genehmigt
Unzucht erwünscht
Weinen empfohlen
Kranksein bewundert
Sterben
Sterben
Sterben.

5
Du bist so zärtlich wie eine Wolke
Und so aufbrausend wie ein Orkan
Bleib wie Du bist
Und die Menschheit existiert
Nur um Dir zu dienen.

6
Wenn Du mich manchmal
Aus der Tiefe Deiner Seele anschaust
Empfinde ich das Gefühl
Das Julia spürte
Als sie das Gift nahm

7
Die Liebe beginnt dort
Wo der Egoismus endet.

8
Selbstgespräch :
Na, siehst Du, da ist er
Die einzige Größe, der Mensch
Der alle guten Eigenschaften besitzt.
Schau ihn an, diesen Burschen
Schön, intelligent, stark, mutig.
Schau ihn doch nur genauer an
Merk Dir seine feinen und ausgeprägten Züge
Bewundere seine Ausstrahlung
Habe ich zu viel versprochen
Ist er nicht wahrhaftig das
Was Frauen genauso
Wie Generäle bewundern.
Hoch lebe der letzte Supermann
Oder
Halts Maul, du Arschloch

9
Du bist schon so viel Frau
Dass Du mich dazu gebracht hast
Dir zu dienen
Und trotzdem das Gefühl zu haben
Dein König zu sein.

10
Ich möchte Dir ein Gedicht widmen
Eins, das Jahrhunderte überlebt
Unsere Nachkommen sollen es
In Lesebüchern vorfinden
Troubadoure sollen davon singen.
Ich möchte Dir ein Denkmal
Aus Buchstaben setzen
Um Deine Herrlichkeit zu preisen
---- Ich liebe Dich ----

Angst vor dem Morgen

Montag

Ich zähle die Stufen
Die zu Deinen Augen führen
Und versuche
Gute Nacht zu rufen.
Die Finsternis dient mir als Verkleidung
Und so wollte ich Dich verblüffen.

Solange eine Zukunft möglich ist
Kann es keine Schlusskapitel geben.

Manche haben es leicht
Und Schmerzen sind stets
Symbole der Sensation
Ich jedoch
Bekämpfe meine Angst
Mit einem hölzernen Schwert
Und meinen zerbrochenen Flügeln
In der Hoffnung, Dich zu erreichen

Dienstag

Lass mich nicht der Eilzug
Sondern der Bahnhof sein
Um Dich zu lieben, solange
Es einen Schöpfer gibt.

Mittwoch

Vielleicht wirst Du nie
Spüren, wie sehr ich Dich liebe
Vielleicht wirst Du nie
Merken, wie ich Dich brauche
Vielleicht wirst Du nie begreifen
Dass ich nie an Dir zweifelte
Trotzdem
Ewig werde ich nach Dir suchen.
Unzählige schlaflose Nächte weinen

Vielleicht wirst Du nie
Das Gefühl verspüren
Vielleicht wirst Du nie
Die Liebe geben können
Vielleicht wirst Du nie
Deine Angst überwinden
Trotzdem
Ewig werde ich Dich lieben
Unzählige schlaflose Nächte weinen

Donnerstag

Warum endet alles, was so schön begann?
So etwas müsste doch ewig
Seine Daseinsberechtigung haben.

Im Winter warst Du meine Winterliebe
Im Sommer bist Du meine Sommerliebe
Diese Welt scheint mir viel zu klein
Für mein Empfinden für Dich.

Es regnet.
Spürst Du es?

Freitag

Nachts schleiche ich mich
In die Hotelzimmer, die wir bewohnten
Dein Duft ist noch allgegenwärtig.
Im Badspiegel sehe ich in Deiner Handschrift
„ Ich habe Angst vor dem Morgen „

Glaube mir, ich auch.
Ich habe Angst vor dem Morgen
Der dem Gestern gleich sein wird

Ich habe Angst vor der Melancholie
Ich habe Angst vor der Sehnsucht.

Ich habe Angst vor dem Morgen
Der keinen Neubeginn ankündigt
Und sehe Deine Handschrift
Schatten und Geister.

Nachts schleiche ich mich
In Deine Gedanken ein.
Liege neben Dir im Bett
Für Sekunden gehörst Du mir.

Samstag

Ich bin ein ruderloses Boot
Weit entfernt von jedem Ufer
Weit entfernt von der Liebe.

Die Sonne brennt erbarmungslos
Und um mich nur Leere
Du bist weit, so weit weg
Und ich bin so durstig nach einem Wort.

Du bist das große tiefe Meer
Und ich der Reisende ins Niemandsland.
Ohne Seekarte und Kompass
Unsere Liebe ist ein Feuer
Der Hunger unsere Umarmung

In einem Ozean allein
Weit von jeder Insel
Weit von Dir
In einem ruderlosen Boot
Hoffe ich, dass mich Dein Blick erkennt.

Sonntag

Wo ich mich auch befinden werde
Mit wem ich auch immer zusammen bin
Du wirst immer mein Leben sein.

Niemals werde ich Dich vergessen
Solange die Sonne scheint
Solange die Welt sich dreht.

Du bist wie ein Messer
In einer offenen Wunde
Ich bin Dein Schatten geworden
Und folge Dir überall
Ein Feuer, das nicht ausgeht
Solange es Liebe auf der Erde gibt.

Wo ich mich auch befinden werde
Mit wem ich auch immer zusammen bin
Du wirst immer mein Leben sein.

Ich habe Angst vor dem Morgen
Unbarmherzige Angst.

Wo Leben war, wird Leben entstehen

1
So wie die Sonne
Sind alle Stadtteile gleich.
Alle unter demselben Himmel,
Den gleichen Sternen.
Die Hütte neben dem Palast.
Der Polospieler neben dem Leprakranken.
Ich habe noch niemals einen
Brunnen ertrinken sehen.
Alle Brunnen sind tief.
Alle Stadtteile gleich.
Den Unterschied erkennt man schnell:
-- Halte keine andere Götter neben mir--

2
Ich
Wiederholung : Ich
Ich bin die Opposition.
Man sagte mir
"Komm auf die Seite der Starken"
Meine Bestimmung jedoch
Scheint dort zu weilen
Wo Ungerechtigkeit herrscht.
Es heißt: Demokratie
Hoch lebe die Freiheit
Und..
Jeder hat die freie Meinung
Und irgendwo dazwischen eine Stimme
Vielleicht meine:
"Macht Schluss!"

3
Kennst Du unsere schöne Stadt
Mit ihren Türmen und Banken
Den Schornsteinen
Schweiß von Tausenden raucht daraus.
Kennst du die Gärten mit der Aufschrift:
-- Zutritt nur mit Berechtigungsschein -
Die schönen Schaufenster
Die prachtvollen Paläste
Autos, die bekunden : Ende des Zwanzigsten Jahrhunderts.
Kennst Du unsere schöne Stadt
Mit dem Bahnhof als Hotel
Und ihren Migranten
Kennst Du ihre Baracken, neun Quadratmeter,
Sieben Personen.
Kennst Du unsere schöne Stadt
Das Kasino neben dem Altenheim
Die Diskothek gegenüber dem Krankenhaus
Die Straßen, sie werden von Gangs regiert
Kennst Du vielleicht unsere Schule
Fünfzig Kinder, ein Schulraum.
Kennst Du unsere schöne Stadt
Das neue Hallenbad auf dem Grundstück
Von Witwe K.
Kennst Du unsere schöne Stadt
In der ich lebe
Und mich auch als Toten
In Dokumenten wieder sehe
Doch lass uns lieber ein Bier trinken
Und erzähl mir von der Vollbusigen von gestern Abend.

4
Er schrie es
Und Rauch des Hasses schlug auf ihn
Blutige Augen
Verbrennen die Gutmütigkeit.
Schattenmenschen sind am Reden
Er
Er allein auf einer Bank
Er wusste, dass die Worte vergebens waren.
Trotzdem versuchte er zu schreien
"Ich bin unschuldig ... ich bin ..."
Wenn die Gerechtigkeit spricht
Scheint die Sonne auf den Steinen
Die Felsen werden zu Mörtel.
Allein
Inmitten der Herde Löwen
Die Verzweiflung tötet in Raten.
Tage kämpfen
Monate kämpfen
Beim Essen, beim Schlafen kämpfen.
Die Jahre sind unüberwindbar
Und wenn sie Dich schlagen
Kommen die Nebelschleier.
Der Schmerz ist nur
Eine Episode aus dem Todeskampf.
Unschuldig in kalten Kerkern
Zu essen Ameisen und Cocoons
Sowie den Kalk von den Wänden.
Freiheit !
Ich liebe Dich
In Dir spiegelt sich die Hoffnung
In Dir wächst der Glaube.
Gefängnisse sind
Das Ekel jedes Jahrhunderts
Die Gerechtigkeit
Der Schrei:
"Unschuldig"
"Unschuldig"
Lasst uns die Lanzen brechen!

5
Ich betrat die elterliche Erde
Und die Angst des Fremdseins
Ließ mich zittern.
Nachts kam ich an
Doch die Heimat leuchtete
Und so verliebte ich mich in sie
Wie in ein Mädchen
Aus der Tiefe meines Herzens
Erhob sich ein Regenbogen.
Scheu war der erste Schritt
Behutsam wollte ich auftreten
Um den Boden nicht zu verletzen.
Diese Erde, die mich nährte, als ich noch „Klein"
Ich schwebte im irdischen Himmel
Was sollte ich als erstes bewundern?
Was zuerst umarmen?
Die engen Gassen
Wo jeder der Schritte beschützt scheint?
Die Bäume mit Jasmin Geruch?
Überall schöne Mädchen
Lieder aus jeder Stimme
Das Meer
Die Berge
Das Alte neben dem Neuen
Abenteuer neben Erinnerung.
Mittags, meinst Du, Du wärst eingeschlossen
Der Schlaf regiert alles.
Diese Ruhe jedoch ist oberflächlich
Wenn Du willst, kannst Du alles hören
Vögel auf jedem Baum
Katzen
Dreiräder
Du lebst!
Die Augen verlieren sich in Tränen.
Wenn ich atme
Glaube ich die Berge und das Meer
In mir zu spüren.
Überall Schönheit!
Auf einem Balkon etwas Ungewöhnliches

Das Alte !
Das Neue !
Kinderstimmen werden wach.
Wenn die Sonne aufgeht
Bekommt der Tag seinen Glanz
Und wenn die Sonne untergeht
Kommt Freude auf, auf das Morgen.
Bald werde ich gezwungen sein zu gehen
Doch der Abschied
Ist nur die Gewissheit des Wiedersehens.

6
Als ich von Dir fortging
Dachte ich, dass dies die Lösung wäre.
Ich sperrte die Vergangenheit aus
Und vermied es, an Dich zu denken.
Als ich von Dir fortging
Hörte mein Leben auf
Jetzt versuche ich wieder
Dich wie ein Mosaik zu rekonstruieren
Stein um Stein.
Alles, was ich tun kann
Haben wir bereits gemeinsam erlebt.
Ich vermeide zu lachen
Vermeide zu atmen
Vermeide zu leben.

7
So, wie das Feuer brennt
So, wie die Flamme den Wind erwärmt
So, wie die Pupillen den Frühling suchen
War unser Wiedersehen nach so langer Zeit.
So, wie der Wind zwischen Felsen
So, wie der Schrei der Wahrheit
So, wie ein undurchdringliches Beben
Dein Kuss nach so langer Zeit.

Wie ein nimmermüder Krieger
Wie die Geduld des Herzens
Wie die Blätter eines Kastanienbaums
Die Freude nach so langer Zeit.
Lebende Hoffnung
Deine Worte schöner als alle Blumen
Du warst wach
Das Eis wird zu Wasser
Und aus dem erloschenen Kamin
Erblüht die zauberhafteste Wärme.
Nach so langer Zeit
Nach so vielen Jahren
Nach unendlich schlaflosen Nächten
Nach unserem Tod.
Ich traf Dich
Halte Deine Hand
Und die Worte werden zum Ritual
Gesetze des Lebens
Als unerträgliche Sehnsucht.
Das Wiedersehen
Die Dornen einer Rose.
Ich will Dich umarmen
Und umarme das Nichts
Will Dich zurückholen
Neben Dir sein
Deinen Körper spüren
Und ich schließe die Augen
Erkenne Dich als Schattenbild

Ich liebte Dich, als Du hier warst
Ich versuchte, Dich zu hassen
Als Du weit fort warst
Und nun bleibt kein Gefühl mehr
Um es Dir zu schenken
Wenn Du zurückkommst.
Nach so langer Zeit
Nach einem Leben.

8
Gestern liebte ich Dich wie den Mond
Heute wie die Sonne
Unter dem Lösungsstrich
Das Wort: Liebe.

Ich sage Dir
Den Schmerz will ich zerlegen
In tausend Einzelteile
Tausend Steine in der Wüste
Sie tragen Deinen Namen.

Ich sage Dir
Die Hände, die ich in meinen fühle
Sind so, wie wenn es meine wären.
Ich küsse Deine Hände.
Ich sage Dir
Die Liebe ist mild
Zart

Ich sage Dir
ich liebe Dich.

9
Wann werde ich begreifen
Dass es zu Ende ist.
Es kommt der Tag
Und es kommt die Nacht
Einmal ist alles zu Ende
Wenn die Wolken
Über dem Gestern schweben
Wenn die Engel am Einschlafen sind
Beginnt es!
Wenn die, die reden, schweigen
Und die, die lachen, weinen
Endet es.

Alles hat seinen Beginn
Wie die Liebe
Doch nicht alles endet.
Ich werde sie lieben
Wenn sich die Welten verdunkeln.

Wenn der Tag zu Ende geht
Freut man sich auf den folgenden
Doch er wird anders!
Wenn man nur die -Eine- will
Stirbt man an Melancholie.

Warum gibt es Sterne
Wenn sie am Tag entschwinden
Warum gibt es die Liebe
Die enden muss?
Engel dürfen niemals sterben
Die Sonne darf sich nie ausruhen.

Wo Leben war, muss Leben entstehen.

Zweite Natur

1
Manche Städte und manche Planeten
Manche Wände
Und manche Frauen
Verstecken sich hinter den Sonnenstrahlen
Den Träumen zu trotzen.
Dann gehst Du
Du, die ich noch nicht entdeckt
Und bekämpfst die Schatten
Dein Lächeln wird zum Kampf
"Vertrauen gegen Vertrauen" rufst Du
Und die Krieger
Sind nur noch in ihren Gräbern

2
Eine indirekte Antwort :
"Nur der, der liebt
Darf auch hassen"

3
Sehnlichst, so wie Hera
Als Herbstwiese
Oder
Sehnlichst, so wie Du
Als nicht objektiv Urteilende
Sehnlichst, so wie Neptun
Im Sommerwind
Oder
Sehnlichst, so wie ich
Nachdenklich.

4
Tage, die enden ohne Beginn
Nächte, die da sind von allein
Worte, die gesagt sind, unwiderruflich
Gefühle, auf die man tritt.
Winde, die schäumen durch die Äste
Vögel, die wirren, ohne Groll
Frauen die töten, ohne Zukunft
Gefühle, auf die man tritt.
Narren die lachen, ohne Drehbuch
Könige gerecht, ganz ohne Volk
Irrtümer begangen, wie andere Kinder
Gefühle, auf die man tritt.
Atmen ohne Morgenfeuer
Cafés, gefüllt vom Menschenheer
Tänzer im Zweifel gegen alle
Gefühle, auf die man tritt.

5
Ich wachte auf und sah mich tot
Gib mir eine Chance, sagte ich
Doch ich atmete schon nicht mehr
Und da begann ich zu weinen
Um Euch.
Ich wachte auf und sah mich tot
So, wie mich die anderen sehen
Matt und müde
Beraubt um alles
Was mich bewegte zu leben.
Ich wachte auf

6
Sich so geben
Um gegeben worden zu sein
Grammatikalisch falsch
Doch wie wahr.

7
Ich möchte das Leben nicht versäumen
Die Schneeflocken jagen
Mit jungen Hunden albern
Dich mit Reichtümern vergleichen
Und keinen Unterschied finden

Ich möchte das Leben nicht versäumen
Gullivers Reisen nachvollziehen
Mit Windmühlen um die Wette raufen
Dich im Nebenzimmer wissen
Und Heimweh nach Dir spüren.

Ich möchte das Leben nicht versäumen
Unter meinen Lidern die Kronjuwelen tragen
Kindern das Kasperle vorspielen
Dich so spüren
Dass Dein Herzschlag meiner wird.

Ich möchte das Leben nicht versäumen
Kämpfen dort, wo Arglist herrscht
Umarmen die, die mit Gewehren nach mir zielen
Dir, vereint mit dem Abendhimmel
Meine Geheimnisse offenbaren.

8
Fest steht, dass ich Dich beneide
Wie den Saturn
Und vielleicht ein bisschen mehr.
So den Feen gleich
Wie ein Taifun
Lach nicht
Dein Requiem ist noch unvollendet.
Genug jetzt mit der Arroganz
Lass mich noch einmal beginnen
Als wäre die Welt noch nicht entdeckt.

Fest steht, dass ich Dich beneide
Sei es vor meiner Geburt
Oder jetzt

Leblose leben nur von Almosen.
Fest steht, dass ich Dich beneide
Und das ist auch das Einzige
Vor verschlossenen Türen oder vor Wüsten

Du bist das Modell
Mein Modell
Meine Hände sind so leer
Wie die vereisten Berge
Nicht die Kraft ist es, die mich bewohnt
Sondern die Neugier.

9
Die Straßen sind immer verschneit
Unsere Welt besteht nur aus Fragen
Licht und Dunkelheit als Märchenfiguren.
Unsere Städte erwachen um Mitternacht.
So viele Träume
So viele Blumen in den Gärten
Als sei alles gestellt.
Warum verbirgst Du Deine Sinne
Besser gesagt
Warum lässt Du Deine Sinne nicht frei?
Wenn man mich einmal nach Dir fragt
In zehn Jahren oder wann auch immer
Dann werde ich ihnen antworten:
"Blättert zurück ins Jahr Null"

10
Sei es, als wären die Worte unentdeckt
Sei es, als wäre der Mond noch unbewohnt
Sei es, als wären die Zwischenräume leer
Sei es, als schliefest Du noch in den Gärten
Sei es, als wäre die Landschaft wie mein Blut
Sei es, als wäre die Inbrunst mein Wegweiser
Sei es
Sei es, als wären die Hochmütigen jetzt Bettler
Sei es, als wäre der Brunnen meine Kindheit
Sei es, als senkte sich mein Kopf durch Gewalt
Sei es, als wäre das Nichtsterben eine Zier
Sei es, als gingen die Exzellenzen auf Stelzen
Sei es, als wäre jeder noch so frei wie ich
Sei es, als wären meine Worte Wiederholungen
Sei es, als wären die Sommernächte zu Ende
Sei es, so wie ich es wünsche
Sei es

11
Mein schönstes Gedicht
Ob geschrieben oder in der Galaxie
Schenke ich Dir
Meine ganze Liebe
Ob offenbart oder noch in der Quelle
Gebe ich Dir
Meine Seele
Ob in der Küste oder beim Echo
Gehört nur Dir

Furchtbar die Klarheit
Furchtbar, so viel zu wissen
Und zum Schweigen verurteilt zu sein.

Alles spiegelt sich in der Unschuld
Männer und Frauen werden
Von Männern und Frauen gefoltert.
Mein schönstes Gedicht
Werde ich erst dann vollenden
Wenn ich das einzig Unentdeckte finde.

12
Der erstgeborene Mensch
Löscht die Sonne
Und auf dem Diagramm der Schöpfung
Sind die Eingänge rot angekreuzt.
Hier herrscht die Finsternis
Dort Korallen.
Seconde nature
Würden Dich die Franzosen nennen
Ich müsste mich wiederholen
Immer
Immer
Immer wieder
Schaue ich Dich an
Und das Leben wird zum Schrei.

Willkommen bei mir

1

Es ist nicht der Schnee
Der mich zum Verräter macht
Es sind auch nicht Deine Tränen.
Es sind nicht die Worte
Die mich töten
Auch nicht die Vorhaltungen
Es ist einfach so, dass ich mir
Verbraucht vorkomme
Und nur dazu noch lebe
Um Andere mit in den Abgrund zu ziehen.
Reich mir bitte Deine Hand
Und dann wirst Du erkennen
Dass ich nie müde war
Deine Schönheit zu preisen.
Es ist nicht der Schnee.

2

Sprich nicht von Liebe
Sprich nichts aus was es nicht geben kann
Wir sind alt genug
Um nicht von Rosengärten zu träumen.
Sprich nicht von Liebe
Es schmerzt, wenn Menschen darüber sprechen
Die einem irgendwie nahe stehen
Wenn Du gern bei mir bist
Dann sag es ohne Phrasen.
Sprich nicht von Liebe
Weil sie es für mich nicht mehr gibt
Vielleicht früher Mal
Vielleicht
Doch ich habe sie verbraucht an Unwürdige.
Sprich nicht von Liebe
Und wenn doch
Dann zu einem anderen.

3

Wenn ich nachts
Durch die Straßen meiner Stadt gehe
Frage ich mich
Wie viele Frauen gerade jetzt
Auf ihre Männer warten.
Und wie viele dieser Frauen
Immer auf ihre Männer warten werden.
Ich freue mich
Dass Du nicht so bist wie all die Frauen
Die sich lediglich als
Zweite Garnitur verstehen.

4

"Immer wenn du mit mir geschlafen hast
Meinst Du, Du könntest mich regieren."
So waren einmal Deine Worte.
Versuch aber einmal in den Spiegel zu sehen
Und vielleicht erkennst Du
Wie viel Überwindung nötig ist
Um mit Dir ins Bett zu gehen.

5

Der Herbst ist wieder einmal da
Und es braucht viel Überwindung
Nicht den Entschluss zu fassen
Einfach abzuhauen.
Dort wo es nur noch Licht gibt.
Immer im Herbst
Erinnere ich mich an Dich
Die zu mir sagte:
"Es gibt die Notwendigkeit des Existierens"
Bis heute habe ich Dich nicht verstanden
Und ich gehe durch die Straßen
Wie ein Todeskandidat zur Guillotine.

6

Da bist Du nun wieder
Viel schöner und viel reizvoller als früher.
Wie lange ist es her?
Fünf Jahre?
Nein, vier Jahre und acht Monate
Fast auf den Tag genau.
Man sieht Dir die Zeit nicht an
Du siehst nur mehr nach Frau aus.
Wie es mir geht?
Gut, ja eigentlich geht es mir gut, so wie früher
Sagen wir mal, fast wie früher.

Alleinsein ist die härteste Strafe
Für so einen wie mich.
Ich erinnere mich an Deinen Satz immer noch:
"Weißt Du, dass wenn ich Dich sehe
Ich immer aufs neue geboren werde?"
Du fragst nach dem Hund?
Er ist schon seit über zwei Jahren tot.
Ich glaube er hat
Bis zu seinem letzten Tag auf Dich gewartet.
Hunde können warten.
Entschuldige, ich wollte Dich nicht aufhalten
Verzeihung für
Die dummen Sprüche
Und danke für die Vergangenheit
Tschüss mach's gut
Ja ich melde mich bestimmt mal.
Tschüss, danke, tschüss.

7

Versuch mich nicht zu halten
Denn sonst
Verlierst Du mich für immer.

8

Die Kristalle der Angst
Hast Du für eine Ewigkeit verbannt
Es gibt Menschen, die lesen Bücher
Andere sind Bücher
Andere wiederum sind so viel Buch
Dass sie nicht mehr lesen können
Irgendwann werde ich Dir das Buch reichen
In dem nur ein Wort steht.

9

Einsame Menschen
Sterben in einsamen Nächten
Den einsamen Tod.

10

Willkommen bei mir
Ob es Dir genehm ist oder nicht
Nun bin ich an der Reihe
Und glaub mir, ich kann hassen.
Durch die Gefilde der Unwissenheit
Entkommt kein Novize
Und eine künstliche Zuneigung
Bleibt immer künstlich.
Willkommen bei mir
Jetzt kann Dir nichts mehr helfen
Geschweige denn
Dass Du jetzt"
Deine Weiblichkeit offen trägst.
Die Zeit der Erklärungen ist vorbei
Und in der Rangordnung der Huren
Stehst Du an erster Stelle.
Willkommen bei mir.

Verbindlich

1

Ich will
Dass die Uhren schweigen
Gedanken an Fingern abzählen
Bäume werden, was sie waren.
Ich will
Antwort vernehmen
Die Bedeutung des Blickes erheben
Die Entfaltung der Poesie beschleunigen
Ich will
Aus Steinen Lebewesen machen
Schweigende Gedichte schreiben
Lieben
Ich will
Traurigkeit als Schlüssel sehen
Menschen anfassen
Vorhänge verbieten
Ich will Dich!

2

Jetzt kann ich getrost sterben
Ich habe
Meinen Traum gehabt

3

Vor Jahren begann ich mich zu stabilisieren
Dann lernte ich, dass Männer zwei Mal sterben.
Version zwei:
Originalität und Tiefsinnigkeit sind Worte
Die mich sehr beschäftigen.
Version drei:
Die ständigen Enttäuschungen sind nichts
Als die Bestätigung der Liebe
Version vier:
Opfer gibt es nicht!
Version fünf:
Dem Tod entgegentreten als Feder
Dem Sein trotzen durch Lachen
Dem Existieren seine Berechtigung aussprechen
So wie all die
Die gestorben sind
Moral:
Du bist mir doch sehr nah.

4

Geh ohne Scheu
Für Dich wird immer ein Platz frei bleiben
Denn es gibt nur die
Die meinen zu lieben.
Behalte Dein Wesen
Gib Dich nicht jedem
Die Wege sind menschliche Paläste.
Zerfetzte Farben
Zerlumpte Worte
Gib doch zu
Dass die Unschuld ein Tot sein ist.
Ewige Fragen
Unwissenheit
Die Sonne ist längst nicht mehr Dein Schleier

Und Opfer gibt es überall
Wo keine Gedichte leben.
Versuche zu vergessen
Und die Augen werden zu Augen.

5

Die Nächte sind verlorene Ängste
und mein Schlaf der Wegweiser.
Wo bleibt die Sehnsucht
Die Kämpfereinstellung
Und vor allem wo sind
Die Lösungen, die ich hatte?
Wo ist die Schönheit geblieben
Das genießbare Leben?
Die Nächte sind verlorene Ängste
Und mein Bett ist aus Asche
Hatte ich nicht auf den Glauben gesetzt
Auf die Menschen
Und vor allem
Wo war ich so viele Jahre?
Wo ist die Sattheit des Lebens
Die abstrakte Moral?
Die Nächte sind nur noch Nächte
Schlaf
Schlaf ein.

6

Gibt es das noch?
Und ich sage ja!
Du bist der beste Beweis.

7

Lass mich ein Wortspiel ausdenken
Lass mich das -Ich liebe Dich-
So sagen, dass Du
-Ich liebe Dich- verstehst.
Ein ständiges Finden und Abschiednehmen
So wie die großen Kälber von Fellini
Lass mich eine Welt erbauen
Für Dich und viele
Für Dich und wenige
Für Dich und nur für Dich.
Was würdest Du unter
Ewigkeit verstehen
Oder unter
ISBN - 3-423-05419-0
11-3-6/11-3-7/?/24-6-1/50-5-1/54-12-1/82-27-1
Lass mich ein Wortspiel ausdenken
Lass mich das -Ich liebe Dich-
So sagen, dass Du
-Ich brauche Dich- verstehst.

8

Wir können uns keinen Streit leisten
Vorübergehen
Nebensächlichkeiten hochspielen
Vergeltung hoch drei
Erinnere Dich an das
Was ich Dir schon immer sagen wollte
Du bist es
Und niemand anders!
Wiesenland ist schweigsam
Spannungen werden durch Unwissenheit
Erst zu Spannungen
Unzählige Zeugen führe ich Dir vor
Und Dich als Leumund
Verschiebe die Schatten
Verschiebe die Hinrichtung
Hörst Du, wie das Schweigen naht?

9

Obligatorisch
Und vor dem Angesicht aller
Bekenne ich mich zur Enthaltsamkeit
Von meinem Tode an
Werde ich mir das Atmen abgewöhnen.

10

Nun muss ich schweigen
Jetzt, wo ich den Weg nicht mehr finde
Sind die Opfer tatsächlich mit Blut beschmiert
Ich bürge für die Echtheit
Aus allem wächst Leben
Ich jedoch
Sitze auf der Warteliste
Und winsele um Begnadigung
Schön bist Du
Unendlich schön
Reicht Dir das nicht?
Die oberen Stockwerke sind schon abgebrannt
Und die Liebenden glauben weiter
Dort zu sein, wo wir waren
Beinahe
Nun muss ich die Nächte verschweigen.

Vor dem Endspurt

1

Ein Mysterium nicht wahr
Überall Verwüstung und Feuer
Überall Mord und Einsamkeit

Und irgendwo zwischen Allem
Eine Blume
Als wollte sie die Gipfel besteigen

2

Heute hat man mich wieder verkannt
Man nannte mich einen Realisten

3

Im Tode so wie andere im Leben
Was hindert mich daran zu sterben.
Zwischenbilanzen sind Stelzen der Unterwelt
Und Untreu sein
Wird mit Sonnenfinsternis bestraft.
Gedulde Dich
Befreie Dich von der Müdigkeit
Bekenne Dich zum Wahnsinn
Werde wie ich.

Sei wie eine Feuerrose auf Deinem Leib
Unentschlossen
Wie ein Glücksbringer

Du gehörst zu den Auserwählten
Die einmal gelebt haben.

4

Aus einer Sekunde
Zwischen Geburt und Anarchie
Hast Du
Deine Ewigkeit geflochten

5

Ich möchte Dir so gerne schreiben
Von der Zeit der Hoffnung
Von der Liebespoesie

Die Einsamkeit möchte ich Dir beschreiben
Und wie man sie verbannen kann.
Von den Marktfrauen möchte ich Dir erzählen
Und ob es Dir aufgefallen ist,
Dass Käseverkäuferinnen dasselbe Gesicht haben.

Dann wollte ich Dir von einer Reise erzählen
Irgendeiner
Vielleicht die nach Athen oder New York.

Von unschuldigen Opfern möchte ich schreiben
Und von Gräbern voller Lügen.

Mit den schwarzen Vögeln
Schicke ich Dir die Sinnlosigkeit.

6

Wir aber
Und Du weißt es
Einfache Menschen, arme Menschen.
Bei uns ist die Sonne der Wegweiser
Unsere Atmung eine Danksagung
Unser Land ist karg
Unsere Herzen reich
Trotzdem haben sie uns angegriffen
Und ich nahm Dich hier fort
Um der Menschheit die Liebe zu erhalten.

7

Auf Dir wurde ich geboren
Auf Dir werde ich sterben
Welt
Was hat das eigentlich für einen Sinn?

8

Bald werden wir nach Ausreden suchen
Um die Fragen zu befriedigen.
Wir werden über das Gute
Und über die Liebe nachdenken müssen.
Warum es so kommen musste
Und wo wir damals waren als……

Wir werden die Schlechten schlecht machen
Und uns Gute gut
Und uns im Kreise drehen
Um unerkannt zu bleiben.

9
Was mich beschäftigt ist nicht
Ob ich lebe
Sondern, wie ich lebe.
Ich wiederhole:
Ich fürchte nicht den Tod
Er ist eher mein Wegweiser.
Was mich beschäftigt, ist ob das hier
Diese Erde
Unsere Erde ist.

Wie kann ich mir klarmachen
Dass die Blumen auf der Wiese
Blumen sind und keine Bomben.

Und ich zähle die, die sich bewegen
Um die Toten zu errechnen.

10
Vorübergehen
Schreien
Dichten ohne Unterlass

Stillstehen
Schweigen
Die Sterbebahre aussuchen.

Mythopoetisch

1
Drei Jahre sind seither vergangen und jede Sekunde
Hatte Sinn für das Erhabene.
Du hast den höchsten Grad
der Vollkommenheit erreicht
Neben mir.

2
Du sprachst mir
Empirische Weisheit zu
Und sagtest
Dass ich einen Weg gehe
Den Du zutiefst verachtest

3
Heimweh nach der Vergangenheit ?
Niemals !

4
Eine Ideologie ist eine Krise
Und heute bin ich mittendrin.

5
Von Tag zu Tag
Verwandle ich mich
Und mit einer Hoffnung mehr oder weniger,
Schließe ich den Teufelspakt
Auf der Schattenseite der Gleichgültigkeit
Mit der Bourgeoisie

6
Das Andere wollte ich entdecken
Und fand Dich
Mit einem Appell an die Tradition
Um den Hals.

7
Es ist bestimmt kein Zufall
Wenn ich nachts davon träume
Wie ich Dich am besten umbringen kann.
Die leisen Klänge der Kanonen
Werden durch Deinen Gesang übertönt
Und in einem Augenblick trüber Trunkenheit
Habe ich Dich gebeten
Den Rassismus zu meiden.
Ich fand Gelegenheit
Dich all das zu fragen
doch Du
Hast mich mit denen verglichen
Die ich verachte.

8
Du verstehst meinen Humor nicht!
Und dann lass ich mal etwas von Pasolini:
" Heroen haben niemals Sinn für Humor"
Bewahre Distanz
Und befreie Dich von mir.

9
Ich werde mich
Der Realität unterwerfen
Um die Vorurteile zu demaskieren
Die Du noch
Heute vor drei Jahren hattest.

10
Du hast noch nicht
Meine Umwandlung miterlebt
Nie die gesichtslosen Züge gesehen.
Du hast nie Liebeserklärungen
Mit Kriegslisten verglichen

Und nie so viel Angst besessen
Wenn im Kino die Lichter ausgehen.

Die Vorgänge
Sind abstrakte Fiktionen
Eine Art Subjekt aus Fleisch und Blut.
So ist es und nicht anders
Moral und Tabu
Jeweils Zerstörungsideologien.

11
Wir leben
Auf dem Gedankenstrich
Mit Vorbildern
Die niemals existiert haben.
Wir gehen ins Kino
Um die Poesie der Sprache laufen zu sehen
Und vergessen dabei
Dass jeder seine eigene Geschichte hat.
Wir blicken zurück
Ein Fehler der uns oft passiert
In der Hoffnung derer
Die an die Wiedergeburt glauben.
Manche werden ausgenutzt
Viele verkannt
Die meisten haben jedoch die Lehren
Der Propagandisten richtig verstanden
In dem sie die verteilten Handzettel
Für die Toilette benutzen.

So entstehen Gedichte

So entstehen Gedichte
Die Einsamkeit umarmt Dich
Der Schmerz führt Deine Hand
Worte werden geboren.
Du betrachtest Dich schlafend und
Bemerkst nicht, dass Dein anderes Ich
Den Körper verlässt.
Gerade an diesem Ort
Gerade an diesem Abend.
Lass uns Seele dazu sagen
Das, was eine Partnerschaft sucht
Die es im realen Leben nicht
Suchen kann, suchen darf.
Man kann nur das vermissen
Was man besessen hat.
Meine Seele jedoch vermisst Deine
Wenn die Realität keinen Raum bietet.
Muss man in dieser Zwischenwelt
Eine Erlösung finden?

Die Einlösung dieses stummen Versprechens
Wenn wir uns anschauen oder
Belangloses belanglos aussehen lassen wollen.
Wir stellen uns Fragen die wir nicht
Beantworten können.
Wie viele Blätter hat der Baum?
Wie viele Atemzüge sind vergangen
Seit wir uns gesehen haben?
Wie viele Menschen haben blaugrüne Augen?
Und wie viele Frauen rote Kleider tragen.
Tausend Fragen, um immer wieder
Eine und dieselbe Antwort zu erhalten.
Ja, ich bin lautlos
Auch hier zwischen Mitternacht und Erwachen.
Heißt das Seelenverwandtschaft?
Wenn allein die kleinste Berührung einen
Wahnsinnig macht?

Manchmal denke ich, wir zwei
Sind in einem Körper, und wenn
Das so ist, beginne ich mich zu beneiden.
Dieser Aufenthalt in der flüchtigen Zweisamkeit
Sekundenkurz.
Und manchmal dauerhafter als ein ganzes Leben.

Dann fragst Du mich, an was ich gerade denke.
Ich sage, an nichts. Du sagst dann Worte wie
Vertrauen, Respekt, Essen, Sympathie und Rot.
Worte die keine Bedeutung zu haben scheinen und doch
Dich in allen Einzelheiten beschreiben.

Deine Schönheit ist Dir sehr bewusst
Jede Geste, jeder Schritt, jede Bewegung
Und nicht einmal Nadeln in Deinen Haaren
Können die Vollkommenheit stören.
Ein wolkenreiches Abendrot strahlt
Und gebärt andere Wahrheiten.
Das sind Augenblicke
In denen man sich umbringen möchte
Um wie Du, neu geboren zu werden.
Nach Dir beginnt mein Leben
Weil es ein Leben mit Dir nicht geben darf.
Tausend Sterne und ich allein
Und die Jahre zerfließen
Wie Farben im Wasser.
Ich vergaß, dass es draußen dunkelt
Gedanken an süße, zauberhaft süße Sünden
Lassen mich nicht ruhen.
Kann verliebt sein eine Sünde sein?
Seele und Körper, das ewige Suchen.

Wenn es Dich friert
Und Du ein Kleidungsstück suchst
Bedecke dich bitte mit meiner Liebe
Als letzte Rettung vor dem 3. Weltkrieg.

Halt ein!

Hörst Du diese andere Stille?
Ist das der Vollmond?
Menschen treffen sich in Menschengestalt
Wieso treffe ich einen Gott?
Und bevor die Nacht dem Tage weicht
Bevor wir wieder erwachen und bevor
Jeder den anderen nicht erkennt
Möchte ich Dir sagen,
Dass jeder Schatten Deinem ähnelt
Jeder Windhauch Deinen Namen summt
Jede Farbe Dich enthält
Jeder See Dich widerspiegelt.
Wenn Du meinen Namen nicht aussprechen möchtest
Sprich irgendetwas aus
Will Dich reden hören
Will durch den Klang Deiner Stimme
Verwöhnt werden.
Sei bitte nicht unfair
Zwinge mich nicht
Das Zwiegespräch mit dem
Gewissen aufzunehmen.
Und so entstehen Gedichte
Die Einsamkeit umarmt Dich
Der Schmerz führt Deine Hand
Worte werden geboren.

Schwarzer Felsen
9 Momente
von Liebe, Freud und Leid

1

Gib mir eine Ziellinie, um die Grenzen zu sehen
Gib mir einen Namen, damit ich nicht verloren gehe
Gib mir einen Traum, damit ich mich festhalten kann
Gib mir eine Hoffnung fürs Gleichgewicht.

Gib mir Zeit, damit ich beichten kann
Gib mir einen Kuss, um das Böse abzuwenden
lass mich Deinen Duft atmen
um zu erkennen, dass ich noch am Leben bin.

2

Verbraucht klingt unser altes Lied
Und die Musik erinnert uns an diese Zeit
Ich brauche Dich so.
Das Echo meiner Seele folgt Dir
Die Ergriffenheit erzeugt falsche Klänge
Ich brauche Dich so.

So entstehen Liebesgedichte
sie entstehen, wenn die abschreckenden Gedanken kommen
Und ich betrachte fragend Dein Foto
Liebt sie mich, liebt sie mich?

So entstehen Liebesgedichte
Tausend Nächte und noch mehr
Und der Rhythmus sagt mir
Ich brauche Dich

Und um in Deiner Nähe zu sein
Versuche ich, in dem Mikrokosmos der Worte
Deine Nähe zu finden.

3

Ich suche nichts
Ich lebe vor mich hin
In Einsamkeit.
Ich lache, um Dir zu gefallen
Tu so, wie wenn ich leben würde
Und ertrinke im Gefühl.

Die Zeit liebt alle
Träumer
Die Nüchternen
durchleben den Schmerz.

Ich bin wieder da
Habe meine Sinne aufgeräumt
um dem Wahnsinn zu dienen.
Und Du
Sitzt weiterhin
In Deinem goldenen Käfig
Nicht allein, aber zuweilen brutal einsam.

4

Zwanzig Brände wollte ich entfachen
Der Mond ist mein Komplize.
Geister träumen in Träumen
Deinen Traum.

Beim neunzehnten Brand wurden Deine Kleider
Licht.
Und aus meiner Brust wächst ein Sehnen

Komm nicht zu spät
Und wenn Du kommst
Lösche das Feuer
Mit einer Zärtlichkeit.
Aus meiner Herzkammer
Komm nicht zu spät.

Zwanzig Brände wollte ich entfachen
Und die Sterne, die Dir ähneln
Als Zeichen der Freiheit in Flammen stehen.
Und wenn Dich im Schlaf
Die Flammen erreichen
Ist Deine einzige Rettung
Meinen Traum zu berühren.

5

In meinem letzten Leben
Habe ich Dich geliebt, gespürt, besessen.
Und dann verurteiltest Du mich
Zur ewigen Liebe.

Dann kam die Wiedergeburt
Und ich verliebte mich erneut in Dich.
Nenn mir einen Grund
Nicht ständig von Dir zu träumen.

Seelen und Körper umkreisen die Zeit
Sie ändern lediglich ihren Namen
Doch die Liebe bleibt eins.
Komme einfach nicht von Dir weg
Nichts lässt die Zukunft Zukunft sein
Und die einzige Stimme, die ich wahrnehme
Ruft: „Sie ist es, sie!

6

In der Einsamkeit des Raums
In dem ich mich befinde
Umarmt mich Dein Lächeln.
Ich wollte so vieles erreichen
Habe für vieles bezahlt
Doch einen Rhythmus für den Herzschlag
Habe ich immer noch nicht gefunden.

Die Nächte sind sternenlos
Es herrscht eine besondere Ruhe
Der Schmerz ist nicht mehr in seinem Domizil
Und die, die ich liebe
Sitzt jetzt irgendwo beim Abendessen
Inmitten anderer.

Es ist brutal, gesondert zu sein
Ich sage es jetzt

Jetzt, wo die Wahrheit geächtet wird
Du kannst so stark sein wie ein Fels
Einsamkeit siegt immer.

7

Punkt 12 Uhr bist Du gekommen
Wie ein warmes Gewitter
Wie die Ohnmacht
Zerstörtest den Traum
Machtest mich wahnsinnig.

Um kurz nach 12 Uhr gingst Du wieder
Und mich übermannte das Alleinsein.
Denkst Du eigentlich an diesem Tag im Dezember?

Um 12 Uhr zwanzig
Halte ich Deine Bluse ganz fest
Versuche Deinen Duft einzuatmen
Du jedoch
Liegst dort, wo man Dich vermutet.
Ich schließe die Zimmertür ab
Im Hotelgang höre ich Schritte
Ich horche und weiß
Es können nicht Deine sein.

8

So viele Männer kommen noch in Dein Leben
Sie werden von überall Postkarten schicken
Von einer Hauptstadt, von einer Insel
Artisten, Künstler, Handwerker werden es sein.
So viele Männer kommen noch in Dein Leben
Sie werden Leistungen anbieten und Schmuck.
Werden Dir die Abgründe zeigen wollen.
Ich kann es mir genau vorstellen
Wie sie von Ozeanen sprechen
Du jedoch den Bach hinterm Haus suchst.

So viele Männer kommen noch in Dein Leben
Doch keiner wird Dich
Stärker lieben können als ich.
So wie die Sterne Staub absondern
Sind unsere Liebesnächte
Unlöschbar.
So viele Männer kommen noch in Dein Leben
Doch sie werden kommen und gehen
Mit einem Lächeln oder einem Versprechen
Meine Liebe wird über Dich wachen
Dass Dich keiner verletzt.

9

Auf einem schwarzen Felsen
Hattest Du Dein Haus
Und man sagte mir: Geh zu ihr, sie braucht Dich.
Wir wissen nicht, ob sie jung oder alt ist,
wir wissen nur, dass sie zu den Vögeln spricht
und dass ihr Herz den Rhythmus verloren hat.
Ich sammelte daraufhin Muscheln und Pflanzen
um sie Dir zu bringen.
Und man sagte mir: Geh zu ihr, sie braucht Dich.
Und ich sah Dich und wusste: Du bist das Leben.

Ich stand vor dem schwarzen Felsen und rief:
„Ich liebe das Meer."
Und Du sangst das Lied unserer Träume
Und als ich mitsingen wollte
Versagte mir die Stimme.
Ich schaute Dich stumm an. Du konntest nicht verstehen
als ich Dir sagte: Du bist meine Inbrunst.
Und so ging ich in Richtung der Sterne und wusste,
wenn ich Dich verliere, verliere ich mich.

Auf einem schwarzen Felsen
hattest Du Dein Haus.
So wandere ich durch die Jahrhunderte
Und hoffe
Irgendwann diesen Felsen zu finden.

Nichts, was Worte sagen können

Da die Endstation fast erreicht ist
Öffne ich mein Herz.
Nichts, was Worte sagen können
Habe ich zu verkünden.
Und da ich sicher bin,
Dass folgende Worträtsel
nicht zu lösen sind
Wird das Gegengift unauffindbar.
Und so
Wird die Welt von einem wie mir
Erlösung finden.
Hoffnung stirbt scheibchenweise

Doch jetzt....
Dem Rätsel zu:
Sonne zu Wärme
Lachen zu glücklich
Mensch zu schwierig
Ich bekunde, berauscht zu sein.

Als ich sie das erste Mal sah
War sie wie ein Kieselstein auf dem Meeresgrund
Nicht mehr und nicht weniger
Heute ist sie mein ABC
Beginnend mit A wie Anmut
Und endend mit Z wie Zerstörung

Wäre sie ein Irrtum
Würde ich sie trotzdem lieben
Und wäre sie ein Bahnhof
Möchte ich die Endstation erreicht haben.

Ein bisschen Zufall
Ja, das war es schon
Ein bisschen Bestimmung
Ja, ich glaub daran.

Für sie würde ich zum Fahnenflüchtigen
Für sie würde ich die Heimat verraten
Ohne sie würde ich es nicht wagen
Sauerstoff zu atmen
Was auch geschehen mag
Mein Blut würde wie Wasser fließen
Meine Liebe hätte Bestand
Ohne nachdenken zu müssen
Ob es Gesetze und Anordnungen gibt.

Ich spüre nur ihre Schönheit
Alles andere ist so nichtig
Weil mein Zuhause ihre Umarmung ist
Und die Lethargie kein Statussymbol mehr.

Sie schaut mich so an
Als wäre sie eine seelenlose Lüge.
Wie wenn ihre Ruhelosigkeit
Keinen Schutz vor Kälte bieten könnte.

Die Züge verlassen nacheinander den Bahnhof
Die Flugzeuge fliegen dem Auge davon
Die Boote nehmen keine blinden Passagiere mehr auf
Und ich, ich bitte lediglich um ihre Hand
Zum Halt
Ein Lächeln, zur Freude
Einen Blick für die
Auferstehung der Herzen.

Liebe ist keine Garantie
Und ich möchte sie beschützen
Sie so lieben
Bis sich die Erde nicht mehr dreht
Bis das Gute nur ein Schatten wird
Bis die Sonne erlischt.

Sie streichelt meine Seele
Mit einem Blick
Bis es kein Morgenrot mehr gibt.

Feuer
Sehe ich in ihren Augen
Und die Liebe zu ihr
Lässt mir kein Spielraum
Jahreszeiten zu erkennen.

Ein bisschen Zufall
Ja, das war es schon
Ein bisschen Bestimmung
Ja, ich glaub daran.

In diesen Stunden,
Die meine letzten sein könnten
Sind alle Gedanken bis auf die Liebe zu ihr
erloschen
Gib mir ein Zeichen, flüstere ich
Und verzeih
Dass ich mich völlig dieser Liebe hingebe.

Meine Träume tragen mich zu
Namenlosen Orten
Ermöglichen mir unbändige Taten
Erklären mir die Illusionen.

Alles hatte seine Ordnung
Alles war am rechten Platz
Die Jacke hing am zweiten Halter links
Der Lichtschalter exakt drei Finger breit von der
Wand
Die Schlüssel gleich daneben.
Jeder Handgriff
Jahrelange Monotonie

Und dann SIE
Bitte, lieber Gott
Bitte nicht schon wieder dieses Spiel
Und da sie eine
Gemeinsamkeit mit dem Frühling hat
Fließt in meinen Adern kein Eiswasser sondern Blut.

Das Erwachen zur Frau
Hat sie längst hinter sich
Und mir obliegt es nun
Ihr zu ermöglichen
Den Traum zu Ende zu träumen.

Ist es nicht lächerlich
Gewohnheiten als Wunder zu sehen
Manchmal lässt der Tag
Einfach auf sich warten
Die Nacht umklammert das Herz.

Die Schlüssel sind nicht mehr da
Die Jacke ist längst veraltet
Und den Lichtschalter finde ich lange nicht mehr.

Irgendjemand hat den Aufschrei mitgenommen
Zauber
Verwandlungskunst
Und da es die Wehmut
Nur in Bildern gibt
Ist die stumme Ruhelosigkeit
Das letzte Signal.

Die ersten warmen Sonnenstrahlen
Das erste glückliche Lachen.
Habe einfach kein Talent für das Schicksal
Und somit
Erkläre ich mich zum Verlierer
Dieses Spiels
Da das Gegengift nur sie sein kann.

Es ist nicht wahr

Ich wehre mich gegen die Behauptung
Dass ich mich verliebt habe
Das gibt es nicht
Das hat es nie gegeben

Ich wehre mich gegen die Behauptung
dass allein die Gewissheit
Dass Du im Raum bist
Vivaldi-Klänge hallen lässt
Ich wehre mich gegen die Behauptung
Dass Deine Anwesenheit
Mich schweben lässt.
Es ist auch nicht wahr
Dass, wenn sich Deine Brüste zum Atemzug
Erheben, ich der Sauerstoff sein möchte.

Es ist nicht wahr, dass jede Stadt, in der Du bist
Mir als New York erscheint
Es ist nicht wahr, dass jeder Schritt von Dir
Mir sagt:
Lass uns drei Tage ins Universum fliegen
Es ist auch nicht wahr
Dass ich jedes Mal, wenn ich über eine Brücke fahre
Die Augen schließe.

Moral ist für solche
Die sie sich auch leisten können
Verantwortungsbewusstsein ist ein anderes Wort.

Wo beginnt alles und wo endet alles,
Bei der Geburt und dem Tod oder
Beim Beginn der Mittsommernacht?
Wahrscheinlich muss ich wieder so
Dermaßen auf die Nase fallen
Um mich nicht mit Dir zu messen.
Riskant sind die Tabletten nicht
Auf dem Beipackzettel gibt es keinen Hinweis

Und wenn
Bekommt man diesen nicht zu sehen.

Denken ohne Hindernis
In den Fängen von Raubvögeln

Schattenlose Straßen umzingeln die Stadt
In der gesichtslose Masken
Ihr Unwesen treiben.
Und dann kommst Du
Mit der Offenbarung in den Augen
Und die Nachtmusik beginnt.

Ich wehre mich gegen die Behauptung,
Dass die Liebe so stark sein kann,
Dass der Unterschied zwischen
Gut und Böse verschwimmt.
Ich wehre mich gegen die Behauptung,
Dass Weinen die Seele reinigt.

Es ist nur schlichte Sehnsucht,
Die mich regiert
Nach der anonymen Liebe,
Die es nicht gibt
Und trotzdem
Krallen in mein Herz einrammt.

Es gibt so vieles, was nicht gesagt ist
Und noch so viel mehr,
Was nicht gesagt werden kann.
Lass mich trotzdem die Behauptung äußern,
Dass du mein Leben gerettet hast,
Da ich unfähig war
Belastungen zu vermeiden.

Alles sieht so anders aus.
Von jetzt an vertraust Du mir
Und ich vertraue Dir
Ein bizarres Verantwortungsbewusstsein
Im Wolfsgehege.

Ich wehre mich gegen die Behauptung,
Deine Augen wären Kristalle.
Es ist auch nicht wahr,
Dass Dein Lächeln
Armeen entwaffnet.
Es ist verlogen,
Dass mein Herz zerspringt,
Wenn Du bekümmert bist.

Dein Name allein ist Hoffnung,
Das Meer weit
Und bei einer möglichen Sintflut
Verweise ich auf mein kaltes Herz

Im Glashaus der Herrscher
Hast Du einen Logenplatz
Und was Du auch sagst
Es sind zauberhafte, süße Worte
Von denen ich nachts im Traum
Alle, der Reihe nach wiederhole
Ohne Scheu
Disziplinlos
Als wollte ich Götzenanbetung betreiben.

Was kann es noch geben?
Ölbäume
Palmen
Schattenlose Zypressen
Wolken ziehen auf
Und mit nur einem Handtuch bekleidet
Erscheinst Du auf der Veranda
Und hältst Hof.

Ich wehre mich gegen die Behauptung,
Dass ich mich verliebt habe,
Das gibt es nicht,
Das hat es nie gegeben.

Ich wehre mich,
Bis ich erkenne, wie wehrlos ich bin.

Nichts bereuen

Manchmal habe ich nicht die Kraft
Mit Dir zu sprechen.
Dann sitze ich auf dem Bettrand,
Dieses Bett, das nach Kummer riecht
Und versuche die Gedanken
Die mich umzingeln aufzuschreiben.

Komm, und nimm mich mit,
Zeig mir die Blumen in den Gärten
Spiel mir die Melodie
Die nie zu hören sein wird.
Die Akkorde sind ganz nah,
Du jedoch so weit weg.

Es gibt keine Morgenröte,
Es gibt kein Abendrot,
Eigentlich fehlt dem Himmel jegliche Farbe.
Wenn man liebt, scheint alles banal,
Und wir wissen,
Dass unser erster Kuss
Der Anfang vom Ende sein wird.

Komm, nimm mich mit und frage,
In welcher Stadt wir gerade sind.
Nein, frage bitte doch nicht,
Es wäre besser, wenn ich es erst gar nicht weiß.
Frag nicht, ob ich komme oder gehe,
Frag nicht nach Gut und Böse,
Da ich nichts bereuen werde.

Meine schönsten Momente möchte ich Dir geben,
Ein Echo voller Liebespoesie.
Steine schmelzen, wenn Du lächelst
Um Null Uhr Dreiundzwanzig.

Auf die Sekunde genau.
Sobald Du Worte formulierst,
Bringst Du Leben in mein Leben.

Komm, und nimm mich mit
Erklär mir, warum
Ein nicht Gesagtes :
„Willst Du mich" am Himmel steht.
Dann liegst Du halb nackt,
Während die Züge wegfahren
Und die Gefängniskeller immer feuchter werden.
Wobei die zentrale Frage lautet:
Was suche ich hier?

Ich werde es wissen, wenn Du bereit sein wirst.
Du wirst mir ein Zeichen geben
Und an diesem Tag
Ein rotes Kleid tragen.
Du wirst dann vor mir stehen
Vor dem Park, auf der Straße
Und verkörpern: „Ja, ich will"

Komm, und nimm mich mit,
Unabhängig vom Licht des Tages.
Und ob die Erde sich noch dreht oder nicht,
Entscheidet die erstarrte Lava.
Die Worte radieren sich im Wind,
Der Regen färbt die Blätter bunt.
Jemand hat bemerkt, dass die Träume
Zu einem anderen Leben gehören.

Jetzt bist Du wunderschön.
Wenn Du jedoch eines Tages
Gesichtslos sein wirst,
Wird Deine Gewandtheit Dir sagen:
-Ich muss rein bleiben und auf IHN warten—
In Deinem Pass jedoch steht:
Dein Schicksal ist vorherbestimmt.

Komm, und nimm mich mit,
Weil Dein Blick das Wort: Liebe
In mein Herz eingemeißelt hat.
Du kannst alles leugnen,
Nur eines nicht,
Dass es uns hätte geben können.

Nicht die Fragen sind es, die uns lenken,
Sondern unsere Taten.
Dann singst Du nur für mich.
In dem Moment,
Als ich es bemerke, schaust Du verschämt weg
Und ich befreie Dich,
Indem ich weine.

Komm, und nimm mich mit.
Erzähl mir Deine Geschichte,
Und ich entführe Deine Gedanken.

In dem Moment,
Als ich die Augen öffne, schmecke ich,
Dass Deine Lippen nach Kirschen schmecken.
Erlebe noch Deinen Atem am Ohr.
Ein Taxi hält an,
Und als es wieder anrollt,
Beginnen die Jahre Deiner Abwesenheit.

Einfache Worte

Am Rande des Existierens
Endet eine Affäre,
Bevor sie überhaupt beginnen konnte.

Wenn ich ein Fotograf wäre,
Würde ich das schönste Foto,
Das es je geben könnte, von Dir schießen.

Wenn ich ein Musiker wäre,
Würde ich die schönste Ballade
Die es gibt, für Dich schreiben.

Wenn ich ein Konditor wäre,
Würde ich die zauberhafteste Torte
Kreieren, da ich Dich vor Augen habe.

Wenn ich ein Maler wäre,
Würde Mona Lisa ein Discountbild
Im Vergleich zu Deinem sein.

Wenn ich ein Modeschöpfer wäre,
Würde ich Kleider entwerfen,
Die nur für Dich gemacht sind.

Wenn ich ein Astronaut wäre,
Würde auf dem Mond
Eine Flagge mit Deinem Namen stehen.

Wenn ich ein Sänger wäre
Würde ich nur das eine Lied
Von Dir singen.

Wenn ich ein Autodesigner wäre,
Würde jedes Modell
Dich darin beinhalten.

Wenn ich Politiker wäre,
Würde das erste Gesetz lauten.
Dich zu würdigen.

Bin nichts von all dem,
Bin nur jemand, der sich unsterblich
In Dich verliebt hat.
Der Dich liebt, wenn Du lächelst.
Der Dich liebt, wenn Du schmollst.
Der Dich liebt, wenn Du traurig bist.
Der Dich liebt, wenn Du nicht weiter weißt.
Der Dich liebt.
Der Dich liebt,
Indem er Dich Deinem Schicksal überlässt

Ehrliche Lügen

Als man Dich fand
Keine drei Schritte vor dem Tod
hattest Du nur.....
--Weiterleben-- hauchen können
Man versetzte komplette Abteilungen in Bereitschaft
Man suchte Tage, Wochen und Monate nach einem Zeichen
Viele zweifelten schon daran
Überhaupt einen Anhaltspunkt zu finden.
Bis sich die Spuren durch die Realität beseitigten
Und lediglich ein weiterer ungelöster Fall das
Archiv des Kriminalinstituts dekorierte.

Du hattest meine Adresse in Deiner Tasche und
Als der Anruf kam, ich solle zum Präsidium kommen
Lagst Du vor mir und erspähtest mich mit diesem Blick
Wie vor genau zwölf Jahren, als ich Dich das letzte Mal sah.
Ich erinnerte mich an Deine Worte
Du sagtest: "In einem anderen Leben vielleicht"
Und trotzdem schmecke ich
Jedes Mal wenn ich mich hinlege
Deinen Geruch im Bett
Die Tage vollkommen leer
Würdelos
Als wäre das Leben eine Gewohnheit.
Den Geschmack Deiner Haut spüre ich immer noch
Wenn ich die Augen schließe und an Dich denke
Ich will nicht schlafen wenn ich träume, will wach sein
Genießen, schwelgen, mich an dem Augenblick erfreuen.
Man sagte mir, Du würdest apathisch sein
Wer wagt es, Dich so zu nennen, Dich, die das Leben genoss
Du warst der Spiegel meiner Seele

Hier und jetzt
Jetzt, wo Du wieder da bist,
Hat mein Leben einen Puls.

Süße Verwirrungen durchlebten wir
Du, Du bist nicht anders, Du bist mehr
Und wenn jetzt meine zersetzten Erinnerungen
Die Zeit zurückbringen
Erkenne ich Dich in dem Lärm der Straße
Im Rauschen des Sommerwindes
In der Stille meiner Einsamkeit.

Das Protokoll war einfach und akkurat:
Unbekannte Frau, sichtlich verwirrt,
Genitalien verstümmelt starke Prellungen
Apathisch, lethargisch, interesselos unbeteiligt.

Ich war Dein Liebhaber
Und manchmal Dein Freund.
Ich hatte nie die Kraft, einfach ins Auto einzusteigen
Und zu sehen, wohin mich die Straße führt
Ich hatte jedoch stets das Verlangen
Dich in meiner Nähe zu wollen.

Du warst erst Mitte dreißig und
Hattest das Alter der Ewigkeit in Deinen Gesichtszügen
Du strahltest stets inneren Frieden aus
Vielleicht hatte ich nie genug Schmerz in mir
Dich zu verstehen.

Ein Augenblick der Vollkommenheit erwacht
Ein unerreichbarer Traum
Eine unendliche Erfüllung.

Du liegst auf einer Bahre
Wie andere in ihrem Sarkophag
Und Dein Blick kann meinen nicht finden
Wie wunderschön Du bist

Jetzt auch in dieser Stunde.
Der Zauber Deiner Schönheit hat immer
In Deiner Ungeduld ihren Ursprung gehabt.
Da liegst Du nun
Deine zarte lichtundurchlässige Haut
Leugnet Dein wahres Alter.

„Hörst Du mich" flüstere ich
„Bist du wach?"
Irgendwann, nach Jahrtausenden glaube ich ein
--Weiterleben—zu hören
„Bitte wiederhole" fahre ich fort
Und da zerbrochene Seelen
Das Licht spiegeln, vernehme ich deutlich die Worte:
„Ich will nicht weiter leben"

Abwesenheit, die in meinem
Herzen pocht
Erstarrt den allerletzten Rest an Kraft in mir.
Wie kommt man aus seinem Leben
Da dort, wo Zuneigung weilt
Liebe nicht immer existiert
Dort wo die Fragen sind
Es nicht immer Antworten gibt.

„Haben Sie diese Frau gekannt"
„Kann mich nicht erinnern" log ich
„Sie ähnelt einer früheren Bekannten,
nein, ich denke nicht, dass sie es ist."

Als ich wieder nach Hause ging
Trunken vor Schmerz, da ich mit Deinem Tod
Mein Profil verlor
Zogen die Jahre unseres Beisammenseins
Wie Wächter des Herzens vorbei.
Und das Bewusstsein für
Ehrliche Lügen begann.

Ja, Du bist es

1. Jetzt bist Du mein

Jetzt bist Du mein
Und es klingt
Wie wenn ich Dich beim Wochenmarkt
Erworben hätte
Jetzt bist Du mein
Und ich meine das Einfachste
Das Simpelste, das Ehrlichste
Die Liebe

Jetzt bist Du mein
Und die Tage enden wie sie beginnen
Mit einer Umarmung.

2 Leonidas

Leonidas hatte dreihundert
Uns reichten zwanzig wackere Krieger
Und als wir den Saal betraten
Da wussten wir
Wir haben unser Ziel erreicht.

3. Glück

Alle suchen nach der Freiheit
Und ich fand das Glück.

4. Im Schlaf

Im Schlaf fand ich früher
Die Erfüllung des Tages
Ich träumte mein großes Glück herbei.

Dort traf ich die Frau die mich liebt
Dort wurden meine Wünsche wahr.
Dort fand ich den Ruhepol meiner Seele.
Ich träumte mich fort
So dass mir der Morgen wie ein Henker vorkam
Der mich zur brutalen Realität brachte.

Heute ist der Schlaf nur noch eine Zufluchtstation
Ich wache auf und mein Glück liegt neben mir
Ich wache auf und begreife
Dass so viele Nächte notwendig waren
So viele Gebete
Bis der 13. April die Auferstehung brachte

5. Manche Nächte

In manchen Nächten
Kamen Geister der Vergangenheit
Fragmente des Imperfekts
Und brannten mit kalter Asche
Kerben in unsere Seelen.

Heute kommen Geister der Zukunft
Und wir brauchen keine Kartenleger
Keine Horoskope
Keine Hellseher.
Wir sehen uns in die Augen und wissen
Dass nur die Liebe in uns lebt.

6. Ich liebe Sie

Ich liebe sie aus so vielen Gründen
So vielen verschiedenen Gründen.
Ich liebe sie weil sie immer in meiner Nähe ist
Sie lässt mich stark sein
Sie lässt mich schwach sein
Sie erlaubt mir Alles.

Ein Meer des Nichts
Ein Zwischenspiel der Zeit
Eine Oase der Reinheit.

Im Namen der Liebe bekenne ich
Dass ich ihr verfallen bin.

7. Wenn der Tag endet

Wenn der Tag endet
Beginnt die Bilanz.
Ein Soll und Haben

Neben einem Plus und Minus.
Man vergisst und verdrängt
Und schwimmt im Meer des Selbstmitleids
Wenn Vorgenommenes nicht erreicht wird.

Wenn der Tag endet
Beginne auch ich mit der Bilanz
Zähle die Herzschläge die Dir galten
Zähle jede Minute die ich an Dich dachte
Zähle die Küsse die Du mir gabst.

Wenn der Tag endet
Erwartet mich ein vollkommener Morgen

8. Zeitalter der Gier

Im Zeitalter der Gier
Erfreue ich mich an Deinem Lächeln
Und weiß
Du bist mein Mittelpunkt.

9. Unwirklich

Unwirklich wahres Leben
Lebte ich seit fünfzig Jahren
Dann entdeckte ich zwischen
Regen und Sonnenuntergang
Dass ich meine Knabenstimme verlor.
Während ich das dritte Bier bestellte
Und die Bourgeoisie die
Oberhand gewann.
Wir fragten uns ob Liebe Messbar sei
Und so erfand ich das Maß:
Helga

10. In der Stille

In der Stille der Zweisamkeit
Die wir beide so gern suchen
Fragtest Du mich
Was ewig dauert
Und Du sahst mich dabei an
Lächeltest, weil Du die Antwort
In meinem Blick gelesen hast
Die da lautete:
„Meine Liebe zu Dir"

11. Im Rückblick

Im Rückblick erkenne ich
Zwischen Zivilisation
Und Nirgendwo
Dass ich niemals mit Mächtigen geheult habe.
Und dass die Sinnlosigkeit des Daseins
Durch Dein Kommen
Ein Absurdum ist.

12. Ja du bist es!

Was ich auch Schreibe
Es endet mit:
„Ja du bist es!"
Das Licht und die Sehnsucht
Die Kindheit und das Lachen
Die Gedanken und die Tiefe
Das Wissen und die Winde
„Ja du bist es!"
Die Lieder und die Zeit
Die Wirklichkeit und die Blumen
Der Himmel und die Flügel
Der Zauber, die Geister.
„Ja du bist es!"
Die Briefe und die Küsse
Das Karussell, der Spiegel
Der Raum, das Festspiel
Die Liebe, die Liebe
„Ja du bist es!"

Du warst meine Ebbe und die Flut

Du warst meine Ebbe und die Flut
Du warst das Sternenzelt
Du warst mein Leuchtturm
Du warst mein Himmel
Nach jedem Du ein warst
Wie wenn das Leben nicht mehr da sei
Eine Königin bleibt immer Königin
Auch wenn die Revolution es anders bestimmt hat
Und wo Du Dich auch verstecken magst
Dein Strahlen verrät Dich
Wie gern würde ich Dich zu mir wünschen
Wie wenn das Leben eine RTL-Serie wäre.

Wie lange dauert eine Finsternis
Wie lange dauert die Nacht
Bis der Milchmann zu hören ist
Oder mein Herz zum Schlagen aufhört.

Immer wenn du mich berührtest wurde ich mächtig
Wenn du mich geküsst hast wurde ich unverwundbar
Wenn du mich umarmt hast wurde ich zur Barrikade
Wenn wir uns geliebt haben wurde ich zur Asche.

Dann stellte ich Gleichungen auf
Ich und Du gleich Wir
Du und Ich gleich unerreichbar
Bis Du mir jedoch das kleine Einmaleins
Neu beibringen wolltest.
Du machst aus ich und Du ein Du
Und aus Du und ich ebenfalls ein Du
Und da begann die Frage
Gibt es eigentlich so etwas wie Liebe?

Der Wind in Deinen Haaren
Der Rauch durch Deine Nase
Der Mond zwischen Deinen Schultern
Wie eine Postkarte aus der Zukunft
Und ich frage Dich: „Geht es Dir gut?"

Du antwortest: „Ja, Danke"
Und schenkst Dir einen Ouzo ein.

Lass uns über die Ozeane tanzen
Mit farbenfrohen Bändern im Haar
Mit offenen Herzen und Armen
Mit einer Sehnsucht im Blick
Lass uns über den Winden schweben
Mit Musik in der Lunge
Mit einem Silberstreifen vor dem Mond
Mit Gefühl im Herzen.

Dann zog die Dämmerung auf
Der Blick hüllte sich in Zweifel
Und anstatt dass Du gerade da
Gerade in dieser schweren Stunde
Geradlinig denkst und sagst:
„Lass uns da gemeinsam durch"
Da wandtest Du Dich von mir ab
War auch der einfachste Weg

Erklärtest mich zum Heuchler und Lügner
Nanntest mich eifersüchtig und feig.

Hättest Idiot zu mir gesagt
Dummkopf, Arschloch oder was ähnliches
Hast mich erdrosselt, gewürgt
und das brutalste: Du sprachst mir meine Liebe ab.

Die Nächte die folgten waren einsam
Eine ferngesteuerte Qual
Und so fuhr ich in einem Umkreis von 50 Kilometern
Nacht um Nacht
Nur um Dich zu beschützen.
Meine Gebete wurden zu einem:
„Lieber Gott, lass es nicht zu, dass es ihr schlecht geht"

Die Sterne machen ihren Rundgang
Wie ein Nachtwächter seinen Dienst

Und jede Liebesnacht
Wurde mehrmals zurückgespult
Jeder Kuss geistig wiederholt
Bis meine Lippen brannten.

Es gibt hunderte von Frauen
Tausende Lebewesen
Millionen
Du jedoch bist einzigartig
Was nützt mir alles, wenn ich Dich nicht umarme
Dir nicht zuhören
Dich nicht sehen kann.
Unausgesprochen so vieles was ich gerne hören würde
Einmal, ja ganz leise, hast du kaum vernehmbar
„Ich liebe dich" gesagt
Und diese Nacht war die Erlösung
Die Welt schien zu klein für mich
Und nun hat dieser Traum keine Blüten mehr
Du hast sie brutal gerodet
Mit einem Buschmesser trenntest Du das Band
Bis kein einziger Blutstropfen übrig blieb.
Du hast von Anfang an die Prioritäten
für Dich bestimmt
Ich sage absichtlich für Dich,
Weil ein „Wir" niemals im Vordergrund stand.

Schweißgebadet wachte ich auf, Du schliefst
Seelenruhig leicht atmend neben mir
Und so erkannte ich dass dieser Traum
Immer ein böser Traum bleiben wird
Es war der 13. April
Wir hatten Jahrestag.

Aus der ewigen Sinnlosigkeit

Manche weinten
Andere übten sich in Gebärdespielen
Andere wiederum lachten über alte Witze
Die ich irgendwann mal erzählt haben soll.
Einer mimte mich nach
Ich wollte schreien, jammern, klagen
Ich wollte brüllen, lärmen, donnern.
Ich lebe! Ich lebe!
Ewige Monotonie und Sinnlosigkeit
Vom Geburtskanal zur Taufe
Von der Schulbank zur Werkbank
Vom Traualter zum Kreißsaal und
Von der Totenbahre zur Wiedergeburt.

Da standen sie nun da
Und sprachen über mich
In einer Sprache die ich niemals
Verstehen konnte, verstehen wollte.
Sie sprachen Worte aus wie:
„Das Glück ist nie gesetzlos"
Und waren der Meinung dass ich sofort
Mit meiner Meinungsäußerung beginnen sollte.

Mein ganzes Leben war von
Fürsorge und Anpassung geprägt.
Manchmal brüllte ich lautlos um
Ungehört zu bleiben
Nichts empfinden

Sterben ohne die wichtigsten Worte
Jemals gesagt zu haben.

Wie können Menschen Andere verstehen
Wenn sie sich nicht auf die Stille
Konzentrieren können.
Die Stille
Die wahre Stimme der Liebe.

Ein Band vom Herzen bis in die Ewigkeit
Ein Band das nicht zertrennt werden kann
Traurigkeit in allen erdenklichen Facetten.
Schweigen das als Demütigung endet.

Wir ordnen das Universum neu
Wo sind wir eigentlich angekommen
Dass der Tod nicht mehr subtil erscheint.
Manche Menschen sind pervers
Manche abgehärtet
Viele empfinden nur Dummheit.
Sie bohren tiefe Löcher
Suchen mehr als nur den Seelenfrieden
Weil sie sonst keine Empfindungen wahrnehmen
können.

Unsere erste Nacht dauerte Tausend Jahre
Lass uns zurück zum Startpunkt kommen
Ist es nicht ein Wunder die Hand an die
Brust zu führen und spüren wie das Herz Schlägt.
Ist es nicht ein Wunder die Hand
Auszustrecken und den Menschen
Den man liebt zu berühren.
Leih mir einige Tage aus
Die Ohnmacht war mein Wegweiser
Und die Melodie des Lebens
Nimmt an Fahrt zu.
Du wirst niemals bei mir
Zum Spielball werden

Ich war mir von Anfang an sicher
Dass ich auf dem richtigen Weg bin
Und mit jedem Schritt Dir näher komme
Solche Schritte
Die kein Gefühl für das Schweigen haben.

Ich atme unverbrauchte Luft
Und der Kerzenschein fokussiert
Unsere Blicke auf das Wesentliche.

Die Farben haben ihre Kraft verloren.

Die Frauen sagen das, was Frauen sagen
Die Männer sagen das, was Männer sagen
Die die gegangen sind rufen zur Party
Und die die geblieben sind,
Entfernen sich immer schneller.

Unvollendet ist die Nacht
Bis mir nach der x-ten Zeile einfallen wird
Dass es keinen anderen Himmel
Außer dem Deinen gibt.

Keiner sagt etwas
Die Augen sind offen
Und Überlieferung wird vor ihren Augen
Immer vor der Erneuerung stehen

Es hat keinen überrascht
Dass mein Leben so ein Ende gefunden hat
Es musste mal so kommen.
Ich erinnere mich an meine Jugend
Da hatte ich weder Schuhe noch Hemd
Da schmuggelte ich mich durch die Hintertür
In die Baracken der Großen und sah zu
Wie sie ihr Leben mit Anmut vergeudeten.

Ernüchterung ist eine Strafe für Träumer
Und mein ganzes Leben lebte ich hier
In einer parallelen Welt.
Geheimnisse existieren in Menschen
Und Menschen leben in Geheimnissen.

Da lag ich nun da ohne eine einzige Träne
Weil zuvor alle Gefühle zerstört wurden
Trauer wird zum Symbol der Unsterblichkeit
Bis bestimmte Menschen die Wiedergeburt
Entdecken.

Viele erleben diese unmittelbare Kälte

Wir nicht!

Eine Welt schwebender Lichter.
Eine Welt voller Musik ohne Instrumente
Die landen in den Containern des Vergessens
Bis unsere Ängste sich in den Küssen ersticken.

Die Welt besteht nur noch aus Lichter
Und ob als König von Honolulu
Als Kassierer an der Kinokasse
Als noch letzter lebender Scharfrichter
Schmetterlingssammler oder
Tempelpriester der Göttin Athene
Du stehst immer im Mittelpunkt.

Du hast den Sommer in Deinen Augen
Das Herz in Deinem Blick
Die Liebe in jedem Wort.

Du hast mich aus der ewigen Sinnlosigkeit Befreit

Manche weinten
Andere übten sich in Gebärdespielen
Andere wiederum lachten über alte Witze
Ich war jedoch längst wieder auf den Beinen
Und sie begruben nur die leere Hülle
Eines angeblichen Freundes

Vierzehn Sonnensysteme

(1)

Manchmal ist es unumgänglich
Vor sich Rechenschaft abzulegen
Um die innere Uhr wieder auf Null
Stellen zu können.
Tiefe Adern durchströmen die Sinne
Und alles was ich sehe oder anfasse
Wird zur Helga
Ihre Schönheit blendet
Ihre Anmut trage ich wie eine Brosche
Und während sie sich fürs Ausgehen vorbereitet
Male ich mit einem Lippenstift
Ihren Namen auf den Spiegel.

(2)

Ich mische mich ein, wenn es darum geht
Dass Politiker unsere Welt verkaufen.
Wenn Großkonzerne Bankenkrisen auslösen
Wenn Ziellos Raketen zum Mond geschossen
Werden.

Ich mische mich ein, wenn es darum geht
Wie Du Dein MakeUp aufträgst
Deine Lippen schminkst

Ich mische mich ein, wenn es darum geht
Dir zu sagen, dass ich immer für Dich da sein werde
Und mein Ziel ist Dir die Gewissheit
Zu vermitteln,
Dass Du die einzige Frau auf dem Planeten bist.

(3)

Liebe heißt nicht besitzen sondern begreifen.
Du bist meine Liebste, meine Geliebte, meine Frau.
Noch bin ich 96 Stunden entfernt und
meine Küsse sehnen sich nach Deinem Mund. Ich
Fühle Deine Hände auf meinem Kopf, Deinen Atem,
Deine Stimme.
Ohne Dich bin ich nicht einmal ein Staubkorn.
Ohne Dich bin ich Luftleer im Raum.

(4)

Wenn ich wieder von Liebe spreche
Wenn die Lippen brennen
Wenn das was mich am Leben hält
Zu musizieren beginnt
Dann weiß ich, dass ich existiere
Und die Liebe in Deiner Nähe wohnt.

Wenn ich wieder von Liebe spreche
Von Seelenverwandtschaften
Und von der Nachtigall die singt
Dann weiß ich, dass Du auf mich wartest
Und dieses Warten ist die Pforte zum Paradies.

(5)

Will Deine Düfte einatmen
Deine Umarmungen wahrnehmen
In den Gärten auf Dich warten
Die Höhe der Wolken errechnen
Um mit Dir den Himmel zu erreichen
Jedes Mal, wenn Du mich küsst.

(6)

April war es glaub ich
Als ich geboren wurde.
Montags war es glaub ich
Als ich zu atmen begann.

Auf einmal spürte ich
Die Erdanziehungskraft
Und es war nichts anderes
Als der Duft Deiner Haare.

(7)

Es gibt kein „Nach Dir"
Weil nur mit Dir
Und bei Dir
Die Elemente vereint sind.

(8)

Ihr Kleid ist die Sonne
Ihre Ausstrahlung ist die pure Freude
Ihre Wurzeln der Morgennebel.
Sie bewegt sich wie der Zweig eines Baumes
Und reicht inständig ihre Hand
„Komm mit mir ins Leben"

(9)

Fragt man mich nach dem 13. April
Werde ich schmunzeln
Fragt man mich nach dem 20. Mai
Werde ich lächeln
Fragt man mich nach der Zukunft
Beginnt das Triumphgeschrei.

(10)

Polarsterne kündigen es an
Wunder werden zu Windrosen
Die Blumen dienen nur als Statisten
Der Wind stimmt ein zur Melodie:
„Helga, Helga"

(11)

Was wird mir die Liebe bringen
Frage ich sie und die Meeresgeister
Stimmen den Tanz der Sonne.

Was wird mir die Liebe bringen
Und aus der Ferne des Ozeans
Kommst Du auf mich zu
Mit diesem Lächeln das ich so lange
Zu kennen glaube.
Unvergänglich ist die Liebe
Jetzt und in tausend Jahren.

(12)

Mit einem Kreuz an deinem Hals
Und der Segnung des Heiligen
Schauten wir uns an
Und schworen ewige Treue.

Mit einem Lächeln im Herzen
Jenseits aller Stille
Wussten wir dass uns Hellas
In sich aufnehmen wird.

Mit der Umarmung unserer Seelen
Verkünden wir die Botschaften
Frage niemals nach dem Warum
Lass dich von der Liebe lenken
Frage niemals nach dem Warum
Niemals.

(13)

Dein Körper eine Sommerwiese
Deine Augen das leuchtende Strahlen
Schwöre es bitte
Mich immer mit diesem Blick zu sehen
Der mir nur eines sagt:
„Ich liebe Dich"

(14)

Freundschaft ist so rar
Tausende Bekannte, tausende Hallos
Selten jedoch ein:
„Ich steh zu Dir"

Den schönsten Sommer meines Lebens
Erlebte ich mit Dir
Die schönsten Tage meines Daseins
Erlebe ich in Deiner Nähe.
Die schönste Kette die es gibt
Hast Du mir angelegt
Dein Atem
Ist in den Kammern meines Herzens.
Inmitten unserer Liebe
Inmitten unserer Freunde
Die Wellen stimmen ihr Lied
Und ich schließe meine Augen
Und empfange Deine
Süße Liebe
Hindernisse werden weggelächelt
Den Weg zum Glück suchte ich bislang vergebens
Jetzt steht er offen vor mir
Und unsere Freunde begleiten uns.

Jeder Tag wird abgelebt

Jeder Tag wird abgelebt
Morgens mit einer Tasse warmer Milch
Und da es an Geld mangelt ohne Zwieback
Den sie doch so gerne eintaucht
Einige Sekunden warten
Und diesen im Mund, wenn er noch weicher geworden ist
Genüsslich mit dem Gaumen noch feiner zermalmt
Mit einem „Poli Oreo" runtergeschluckt.

Jeder Tag wird abgelebt
Vormittags hoffend, dass ein Nachbar
Zwei Tomaten und eine Zwiebel bringt
Die man dann zum Mittag
Mit drei getrockneten Sardellen isst
„Poli nostimo" sagt und Gott dankt
Dass Apostolis am Markt mehr Tomaten geholt hat
Um zwei verschenken zu können.

Der Fernseher läuft den ganzen Tag
Man könnte die Welt verpassen
Wobei das Ende der Welt
Noch das kleinere Übel wäre.

Die alte Frau hat knapp 300 Euro Rente
Und wenn sie das Geld nicht gleich bar abhebt
Wird ihr Sohn, der sogar mal ihr Gebiss
Verpfändet hat
Das Geld abheben
Knapp 20 Euro übrig lassen
Mit dem Satz: Die Steuern fressen alles auf.

Jeder Tag wird abgelebt
Und da sie noch etwas Reis hat
Kocht sie die übrig gebliebene Milch
Und dieser Milchreis dient als Abendbrot.

Das Stück Fleisch, dass ihr Anastasia
Die Gegenüber wohnt gebracht hat
Landet im Kühlschrank.
Falls ihr Sohn, der einzige der noch verblieben ist
kommen sollte.
Meistens dann, wenn er wieder alles Geld versoffen hat.

Das Meeresrauschen hat sie lange nicht mehr gehört
Obwohl das Meer keine Fünf Autominuten fern ist
Sie freut sich über die Flugzeuge
Die täglich über den Hof fliegen
Und wenn entfernt Kirchenglocken erklingen,
weiß sie, dass sie noch lebt.

Jeder Tag wird abgelebt
Wie der zuvor
Und der, der vielleicht folgen wird.
Nächsten November wird sie neunzig
Und wenn der Milchreis gegessen ist
Aus dem Lautsprecher des Fernsehers
Die Nationalhymne erklingt
Und farbige Bilder von der Akropolis zu sehen sind
Dann zündet sie die Kerzen vor der Ikone an
Sagt ihr „Vater unser"
Betet für alle Menschen in der Welt
Sogar für den Mörder ihres ersten Sohnes
Und die Tränen der Trauer
Wiegen sie in einen Dämmerschlaf.

Dieser Tag ist abgelebt.

Deine Augen

1
Riesige Phantome schweben am Himmel
Und das Verborgene bringt das Tageslicht zum Glänzen
Ist es purer Zufall
Oder sind es physikalische Gesetze
Dass Deine Augen das sind was ich schon immer sehen wollte.
Das Netz der Dunkelheit ohne jegliche Angabe von Garndichte
Die Produktbeschreibung besagt einfach Baumwolle
Und das Wort Liebe ist darin festgehalten.
Liebe in Gestalt von Feuer
Liebe in Gestalt von dampfenden Wasserfällen
Liebe in Gestalt Deiner Augen

2
Die Wirtschaftskrise blendet
Dich weil Dir der Weltschmerz eigen wird
Und mich der die Feindseligkeit
Der Großbanken spürt
Die Lautsprecherstimme verkündet
Das Ende der menschlichen Zivilisation.

3
Blumen verschönern die Chaussee
Und die Gedanken schweben zur Vergangenheit
Die die Forderung der Unruhe propagiert.
Für uns ist nichts anderes als Liebe bereitgestellt
Die Götter haben schon den Auftrag verpflichtend angenommen.
Manche erfreuen sich an Obstplantagen
Andere an unausgesprochenen Gebeten
Ich habe Deine Augen

4
Dadaismus
Effektivismus
Expressionismus
Futurismus
Impressionismus
Jugendstil
Kinetische Kunst
Konstruktivismus
Kubismus
Naturalismus
Pop-Art
Realismus
Surrealismus
Symbolismus
Heute ist mir alles einerlei
Ich sehe nur Dich!

5
In China leuchten brennende Monde
In Nigeria erblühen die Sinne in den Gewässern
Die Luft ist in Duisburg erstickend
Und eine Nelke die in der Steinwüste von Marokko
Durch die engen Kanäle der Blutbahnen gezwängt wird
Entfaltet den Lichtstrahl der Zuneigung.

In Mexiko leuchten die Litfaßsäulen
In Tibet wirst Du von Morgentau geküsst
Blitzgewitter verwüsten Rom
Und eine Rose in Deinem Garten auf Kreta
Erblüht immer nur an einem dreizehnten des Monats
Um Deiner Schönheit zu frönen.

6

Die Sonne als Wellenreiter in der Oase
Natürliche, sinnliche Formen der Eifersucht
Wenn Liebe aus Worten bestünde
Müssten wir andauernd sprechen
Unser Schweigen jedoch
Verkündet ohne Für und Wider
Die Unsterblichkeit der Zärtlichkeit.
Lass uns zurück in die Gegenwart gehen.
Lass uns die Ozeane leer trinken
Lass uns Maheritsas hören
Bis das „Ich sterbe für Dich"
Eine Hymne wird

7

Als wir das erste Mal Barfuß
Das Mittelmeer umarmten
Als wir das erste Mal in der sechsten Dekade
Die verbrannten Plantagen wahrnahmen
Als uns zum ersten Mal der zeitlose Sandsturm
Die Bedeutsamkeit der Reinheit lehrte
Da war uns klar
Dass nur unsere Liebe uns die Kraft gibt
Die zwei Seelenverwandten benötigen
Um zusammen zu finden
Vierzig Monate liegen hinter uns
Vor uns das Universum

8
Der Ort wo Du nicht bist ist nicht bewohnt
Kasernen für Wunschträume
Und vor das offene Fenster gen Süden
Schmuggeln sich die Ostwinde wie Vagabunden.

Der Ort wo Du nicht bist ist ohne Geschmack
Ohne Blumen und Wiesen
Ohne Vogelschwärme und Zitadellen
Und jede Bewegung wird als Meuterei empfunden.

Der Ort wo Du nicht bist ist ohne Ufer
Und die Schiffe stranden in den Straßen
Wie politische Flüchtlinge
Auf den Boulevards der Nächstenliebe

Der Ort wo Du nicht bist ist karges Land
Ist wie Seligsprechung für Atheisten
Ist wie die Entwurzelung der Begeisterung
In einer nicht existierenden Vegetation.

Der Ort wo Du nicht bist
Ist die Offenbarung des Weltuntergangs.

9
Wir haben den Südpol nicht erreicht
Wir wollten auch niemals dorthin
Wir haben die Krankheiten nicht besiegt
Wir wollten auch keine haben
Wir sind nicht der Hölle entkommen
Wir waren ihr ja auch nicht nah genug
Aber wir haben uns
Und unsere Seelen implodieren
Sobald der Eine den anderen sieht.

Nikos Kazantzakis

Vor 25 Jahren stand ich auch mal hier
Vor Deinem Grab
Und damals, wie auch Heute
Spüre ich besonders hier die Macht Deiner Worte.

Du hast nie gehofft
Du hast dich nie gefürchtet
Du warst stets frei.

Und Deine Freiheit war stets
Die Freiheit der Griechen
Die Freiheit des Lichts
Das niemals aufhört zu leuchten

Als Du geboren wurdest
Hatten Osmanen Deine Heimat belagert
Heute Großbanken
Was früher Pulver war
Sind heute Staatsanleihen.

Der Tod war die Elefteria
Und Eleni Deine Muse
Fernweh war die Flucht nach vorn
Und Dein Blick zurück
War ein Blick in die Zukunft

Und Trotz dem Hang zum Kollektiv
Ist es Kapitän Michalis der sich
Für die Liebe entscheidet
Um dann doch den Tod zu suchen
Um Freiheit zu erlangen.

Dort wo Religion und Heuchelei zuhause ist
Stehst Du da, mit der Lebendigkeit
Die jeden Deiner Helden unsterblich macht
Und unabwendbar Dich.

Vielleicht

1
Wenn eine kleine Blume durch die Farben
Ihrer Ideologie die Gestalt verändert
Unerkannt sich dem Bösen widersetzt
Wenn durch die Kraft des Wassers
Getreidefelder, inspiriert von einer beschützenden
Hand sich zu Unkraut verwandeln

Wenn die Vegetation nur noch
Aus bunten Schmetterlingen besteht
Du Dich mit Deinem Tellerrock kleidest
Und die Dichte der Nacht eins
Mit Deiner Duftwolke wird
Dann gibt es kein Vielleicht mehr
Niemals wieder.

2
Die große Reise war zu Ende
Der Alltag breitet sich aus wie Morgentau
Zwischen der Sonne und dem Nachbarsgebäude
Befinden sich lediglich verdorrte Blätter
In den Mauerritzen
Der Nachbarsjunge ist älter geworden
Der Postbote trägt dieselben Schuhe
Alles erschien wie eine Kulisse aus
Einem billigen B-Movie aus den Fünfzigern.
Ein „Anscheinend" ist aus dem Vokabular gelöscht
Das „Sicherlich" ist der Trost.
Die Käfige sind jetzt ohne Insassen
Der letzte Kanarienvogel ist Chronik.
Und der kärgliche Zimmerbrunnen
Wirkt mit einer einzigen Feder unbefangen.
Möglicherweise bis zur Mittsommernacht.

3
Wenn die Träume vergehen
Wenn die Farben verblassen
Wenn die Schatten Oberhand gewinnen
Dann ängstigt sich unser Liebe.

Wenn die Märchen verwaisen
Wenn die Lippen vertrocknen
Wenn die Lieder einfrieren
Dann schweigen die Singvögel

Wenn die Blütenblätter verwaisen
Wenn der Reigen sich öffnet
Wenn die Arbeiterführer streiken
Dann findest Du mich im Buch der Empfindungen,

4
Erstmalig sehe ich Farben
Spüre das Kribbeln
Rhythmisch, harmonisch.
Angst breitet sich aus
Moll wird zu Dur und umgekehrt
Innerhalb von Sekunden.
Erstmalig sehe ich Dich am Wegesrand
Und die Welt existiert
Damit wir die Wolken erklimmen können.
Meine Augen pulsieren
Mein Herz beginnt zu beobachten
Und ich lebe.

5
Wenn die Dämmerung naht
Schwinden die Schatten
Irgendwo hört man jemanden flüstern
Ein nie gewordener Schrei
Streichelt Deine Sinne
Und Ungewissheit breitet sich aus

Wenn die Dämmerung naht
Die Kerzen flimmern
Und die Motorengeräusche lauter werden
Höre ich aus der Ferne den Klang
Einer Mozartmelodie

Wenn die Dämmerung naht
Und die Nacht sich ankündigt
Übermannt mich die Lähmung
Von den Träumen die heraneilen

Wenn die Dämmerung naht
Strande ich in den Gedanken
Die Schiffe legen an
Die Farbe der Edelsteine bleicht aus.

Wenn die Dämmerung naht
Flüchte ich mich in Deine Arme
Den Platz meines Seins.

6

Ein Mann vom alten Schlag
Faust auf den Tisch
Toben mit dem Dreizack
Leidenschaftlich und wild.

Eine kluge junge Frau
Schön und anmutig
Jederzeit zum Kampf bereit
Jeanne d´Arc der Urzeit.
Und der Zweikampf begann
Dort ein Brunnen
Daneben ein Olivenbaum
Und Sophokles begann zu philosophieren.

Die Versammlung der Götter
Entschied sich für den Mythos.

7

Was für ein Zauber
Schnittpunkt Lykawitos und Akropolis
Überall Bougainville
Stimmen der Liebe
Überall Jasmin
Und Anmut von Gebeten

Schön zu wissen
Dass Griechenland noch Götter hat
Und Du aus dem kleinen Dorf
Inmitten dieser Herrscher.

Magie ohne Geister
Alles in Blau und Weiß
Und Deine Haare mit einem Band
Und alle Hoffnung in Deinen Händen.

Man prostet sich zu
Stellt die Traumuhr auf Null
Die Suche hatte am 13. April ein Ende

8
Und sein Weg endet
Auf halber Strecke zwischen Hoffnung
Und Zuversicht
Er kehrt zurück
Mit Verrat an der Begeisterung.
Rückt die Krawatte zurecht
Und schließt die Augen
Mit dem Vertrauen
Zurückgekehrt zu sein
Ohne jemals gelebt zu haben.

Die Schritte brennen auf dem Asphalt
Und Du hältst die Brust zur Schau
Um unerkannt zu bleiben.

Bestrafe nicht die Liebe
Wenn Dir der Mut fehlt
Bestrafe die Schatten
Wische die Tränen weg
Der Weg endet nie.

9

Wenn ich gehe
Heißt es nicht dass ich meine Träume verrate
Wenn ich gehe
Heißt es nicht dass ich den Weg nicht kenne.
Der Himmel bereitet mir keinen Schmerz
Die Lügen sind längst in den Tränen ertrunken
Und der Dirigent verbeugt sich
Und hält in seinen Händen mein pulsierendes Herz

Wenn ich gehe
Heißt es nicht dass ich die Stimmen verrate
Wenn ich gehe
Heißt es, bitte warte auf mich.

10

Dein Brief handelte von Chancen
Die Du irgendwann ergreifen möchtest.
Eines Tages, eines Tages.
Und dabei vergehen die Jahre
Ohne einen Lichtstreifen zu sehen.

Millionen die Einsamkeit vorleben
Abertausende die nur mit sich sprechen
Weil man vergessen hat was Dialog bedeutet.
Man sehnt sich nach den Kindertagen
Dem ungezwungenen Lachen
Den Umarmungen die vom Herzen kamen.

Dein Brief handelt von Hoffnungen
Die Du längst verloren hast
Und Deine Ruhelosigkeit lässt Dich
Ziellos suchen
Das, was vielleicht neben Dir steht.

Leben und Sterben sind Attribute
Wie Sonne und Mond
Und Träume sind lediglich Vorboten der Hingebung
Einem längst verlorenen Idealismus
Zwischen den Barrikaden
Und den ersten Sonnenstrahlen.

Dein Brief spricht von Erwartungslosigkeit
Die Du als neues Markenschild trägst
Und Heimweh nach der Sehnsucht
Die vielleicht als Endstation wartet.

11
Egoismus war niemals unser Weg
Und wenn wir erschöpft
Uns in die Arme nehmen
Bestimmt die Tankuhr unser Schicksal

Im Spiegel suchen wir nach Idolen
Und wenn Du den Abend zudeckst
Unterliegen wir nicht der Versuchung
Den Tag noch einmal beginnen zu wollen

Das Wort Ende ist aus dem Vokabular gestrichen
Das Wort „Vielleicht" durch „Bestimmt" ersetzt
Und sobald ich die Augen schließe
Sehe ich Dich zwischen den Regentropfen
Als erblühenden Himmel

12
Die Zeit des Abschieds kam
Er sagte: "Es ist vorbei"
Der Atem stockt
Das Herz schlägt anders
Die Lichter gehen aus.
Er sagte: "Mein Tag endet"
Und es ist so, wie wenn eine Insel versinken würde
Sie waren eine Festung, uneinnehmbar
Und keiner konnte die Festung bezwingen.

Ein neuer Schmerz breitet sich aus
Neu und doch so vertraut
Dass man ihn wie einen Freund empfängt.
Der einen daran erinnert
Dass die Schwester der Hoffnung Traurigkeit heißt.

Die Zeit des Abschieds kam
Und sie hörte Gloria Gaynor
Bevor sich die Tür schloss
Und ihr begreiflich wurde
Dass alle Alpträume wahr geworden sind.

Gemeinsamkeiten kamen auf
Hunderte, tausende.
Gemeinsam haben sie gelacht
Und manchmal auch geweint.
Gemeinsam sind sie älter geworden
Gemeinsam haben sie etwas erschaffen
Gemeinsam
Und was wird aus dem Morgen?

Sie haben gemeinsam die Akropolis erklommen
Sind gemeinsam durch die Champs-Elysées
spaziert.
Durch die Ramblas geschlendert
Gemeinsam an der Bank des Pont Neuf gesessen
und an Juliette Binoche gedacht.

Gemeinsam den Ort am Empire State Building
Besucht, dort wo Deborah Kerr auf Cary Grant
gewartet hat.
Den Ort besucht wo Quasimodo weilte
Pharaonengräber besichtigt
Und den Platz des himmlischen Friedens.

Die Zeit des Abschieds ward gekommen
Und die Meere waren trocken
Die Wüsten überschwemmt
Die Planeten ohne Sterne.
Und die Wörter haben keine Stimme mehr.

Leere Tische

1
Du willst nur überleben
Vielleicht noch Geld für fünf Zigaretten
Und eine warme Bohnensuppe
Was wird morgen schon passieren
Was nicht heute schon geschehen ist
Und Du gehst zur Kirche
Ein Vaterunser wird gebetet
Und die Ikonen lachen Dich aus.

2
Hierzulande wissen alle Alles
Die Handbücher sind übersetzt
Die Museen haben ganztags geöffnet
Und die Rechnung wird per Steckbrief angesagt.

Hierzulande wissen alle Alles
Der Sonnenaufgang wurde verschoben
Und die Müßiggänger
Outen sich als Schönheitsexperten

Hierzulande wissen alle Alles
Die Jugenderinnerungen werden ausgeschlossen.
Das kleinbürgerliche Milieu wird sichtbar
Der Hauptdarsteller täuscht eine Ohnmacht vor
Und der der von Liebe spricht
Erkennt die Moral der Apostel.

3
Von welcher Reise sprichst Du
Die Flughäfen sind verwaist
Die Schienen abgebaut.
Erkennst Du nicht die Lüge
Die Dich führt
Erkennst Du nicht den Schmerz
Der Dich leitet.
Leere Tische, einsame Stühle
Verstaubte Sehnsüchte.

Von welcher Reise sprichst Du
Du, der nicht einmal die Akropolis sahst
Du der spricht um überhaupt erkannt zu werden.
Du der den Kompass am Halse trägt
Wie Andere Madonnenbilder.
Erkennst Du nicht die Einsamkeit
Wenn wir beisammen sind.

4
Der Tag wird schön
Wir werden erst mal gemütlich Frühstücken
Dann chillen wir bis zum Mittag
Um nach dem Kaffee uns etwas hinzulegen.
Das Abendessen wird um neunzehn Uhr eingenommen
Damit wir die Geilheit der Menschen
Unbeschwert in der Tagesschau erleben.

Der Tag wird schön
Werden sicherlich von Freunden angerufen
Weiteren in Facebook begegnen.
Das neue Interaktive Ballerspiel testen
Und sicherlich ein Six-Pack vernichten.
Dann legen wir uns traumlos nieder
Und das eigene Ich
Sieht die Sonne über der Müllkippe aufgehen.

5

Morgens um Fünf
Erwacht die Stadt zum Leben
Die Bewacher der Seelen
Beginnen mit der Reiseplanung
Und während die Börsen
Die Vortagesgewinne verspielen
Kratzen sich Wohnsitzlose die Läuse vom Hals
Und drehen sich auf der Parkbank um.

Morgens um Fünf
Sehe ich die Arbeiter an der Haltestelle
Und die Bergschlucht vor mir
Und während die Apotheker
Die Überlebensmixtur mischen
Stirbt die letzte Schwalbe außerhalb unseres Blickfelds

Morgens um Fünf
Sehe ich Dich im Halbschlaf
Die Orchideen pflegen.

6

Als er sich nach Jahren entschloss
Den Weg den er vor einem halben Leben ging
Wieder zurück zu gehen
Erkannte er auf den Regalen
Den Sondernettopreis seiner Redlichkeit.

Stolz erfüllt und Freudestrahlend
Ergriff er dann die Schnapsflasche
Um auf seine verlorene Tugend anzustoßen
Während er in der Vitrine seine Jugend
Wieder fand.

7
Während er sich vor dem Spiegel
Den letzten Walzertraum ersann
Wurde ihm bewusst das seine Einsamkeit
Ein selbstgewähltes Zuchthaus ist.

Alle seine Freunde liegen auf der Couch
Bereit zur Massenhypnose
Banker wie Apotheker und einige
Späthippies die sich als Lateinlehrer versuchen.

Alle Frauen die er kannte haben inzwischen
Ein Brustimplantat
Und auf den Häuserwänden sind die Dichter
Verewigt die irgendwann mal
Die Sinnlosigkeit erkannt haben.

8
All die Romane die Du gelesen hast
All die Vorlesungen die Du besuchtest
All die Diskussionen denen Du beiwohntest
All die Liebenden und all die Verdammten.

All die Augen die Du gesehen hast
All die Schwüre die Du ausgesprochen
All die Güte von der Du gehört hast
All die ungeschriebenen Briefe.

All die Sauerstoffflaschen in der Nothaltebucht
All die wahren Lügen
All die Hostien im Messwein
All die Millionen von Worten reichen nicht
Die Krücken weg zu schaffen
Die Dich hindern Liebe zu empfinden.

9

So lange gewartet
So lange ersehnt
So lange gezögert
So lange erwünscht.

Und die Flammen lodern
Die Sterne gehen in Körper auf
Und die Kräfte der Vergessenheit
Ringen mit dem Verstand.

Hattest Du jemals gezweifelt Gott zu erleben?

10

Versteck Dich in der Stille
Und die Lieder meiner Reise
Erzählen von Dir.

Sie erzählen von Wünschen
Nach aromatisiertem Tee
Und verstecken die Gefühle
Die sich im Sonnenlicht entfalten.

Fühlst Du diese Nähe zum Meer
Hörst Du die Wellen auf den Klippen?

Suche niemals nach Erklärungen
Die Regeln werden zur Norm
Der vergifteten Seelen.
Ein Scherbenhaufen voller Spuren
Die früher einem Menschen zugesprochen waren.
Dein Verlangen darf niemals Reue sein
Diese ist bereits am Ziel.

Das Blau der Nacht

Muse 1

Klio, die Rühmende
Du verfolgst die Dichtung
Der Könige
Du bist die Quelle der Geschichte
Die Neugierde in den kommenden Gesichtern.

Wer bestimmt eigentlich ob man
Jung oder alt ist
Hässlich oder schön.

Im Mundwinkel beginnt das Grinsen
Das gerade im rechten Winkel
Vor dem Scheiterhaufen endet.

Die Köpfe erheben sich zum Gruß
Andere rollen die Böschung hinab.

Gerne hätte ich so viel Beschaulichkeit
All die Damen in ihren Unterröcken zu bewundern.

Muse 2

Melpomene, die Singende
Du mit dem Schwert oder der Keule
Deine Tragik ist Dichtung
Der Trauergesang Dein Zuhause.

Mit Deiner Stimme erzeugst Du die Lebenskraft
Die manche zur Liebe
Andere dazu benötigen
Ein Dessert auszuwählen
Viele verbeugen sich vor Dir

Flüstern in Dein Ohr
Oder beginnen ihre Instrumente zu stimmen.

Fremde lehnen sich an die Brüstung
Und Deine schwarz angemalten Augen
Zwinkern den großmütigen Herren zu.
Edel sind die, die gegangen
Den Dagebliebenen droht die Ausrottung

Muse 3

Terpsichore, die Tanzende.
ich sehe Dir beim Tanzen zu
Ob Kalamatianos oder Zembekiko
Du mit Deiner Lyra
Du mit der Eigenschaft
Jede Stunde zur Mitternacht werden zu lassen
Dem Zirkel der Gemeinschaft
Aller Menschen

Dieselben Menschen die Meineide schwören
Dieselben derer Herzen
Zu Schwingen des Rausches werden.

Wo ist der Zauber geblieben
Wehmut macht sich breit
Während Musiker bis an die Grenze des Anstands
Ihre Instrumente anstimmen.

Gaukler herbei

Muse 4

Thalia, die Festliche
Beschützerin der Theater
Hohn und Spott aller Nichtskönner
Die Reize des Neuen
Verhüllen die Vernünftigen
Wobei Vernunft
In diesem Fall Dummheit bedeutet.
im Strudel der Freude
Zwischen Lachen und Entsetzen
Ermöglicht uns Dein Blick
Dem Sonnenuntergang leibhaftig entgegen zu treten.

Viele haben Entbehrungen genossen
Merkwürdig
Dass ich mich an keinen Tag erinnern kann.

Sicherlich bin ich solchen Menschen
Mehrmals begegnet
In Gestalt von Käseverkäufern
Oder als Tischnachbar im Bierzelt.
Wobei mir nur der eine Tag in Erinnerung blieb
Als die bildhübsche Frau dem Ritualmord erlag.

Muse 5

Euterpe, die Erfreuende
Als Baronin oder Reinemachefrau
Als Sopranistin oder Blumenmädchen
Als Professorin oder Dirne

Ich konnte die Bemerkung nicht zurückhalten
Als die Gnädigste
Ihr Höschen angepinkelt hatte.

Als die Erinnerung zurück kam
Wie sie ihren Doppelnamen annahm
Als Bürde oder in Übergroßem Eifer.

All das trug sie am Halse wie ein Kruzifix
Wobei sich bei jedem Auflachen
Ein übernatürlicher Knoblauchgeruch ausbreitete.

Und aus dem „Off" erklang eine Stimme:
„Meine Damen und Herren bereiten Sie sich
auf das Ereignis der Ereignisse vor. Wir garantieren
dass Sie niemals Ihre Hinrichtung vergessen"

Muse 6

Erato, die Liebevolle
Wir fragen uns was das alles bedeutet.
Wenn am Abend nach der Wahl
Alle in die Mikrofone grinsen
Imaginären Wählern danken
Und ihr Haupt mit Lorbeer zieren.

Wir fragen uns was das alles bedeutet
Dass der kurzsichtige Gärtner und der
Bundespräsident denselben Vornamen haben.
Während Ballerinas einbeinig tanzen.

Wir fragen uns warum Kellner dumm grinsen
Wenn sie schleimige Schneckensuppe servieren.
Den Gästen, die sie zuvor angemotzt haben.

Wir fragen uns warum wir im Stillen
All das alles ertragen
Ohne einen Würgeanfall zu bekommen
Und den neuen Linoleumboden vollzukotzen.

Muse 7

Urania, die Himmlische
Mutter Aller
Mutter mein

Die mich nährte und liebte
Aus Deinem Reich siehst Du mich jetzt
Glücklich sein
Und manchmal merke ich
Wie zart Deine Hände
Auf meiner Schulter ruhen.

Ich weiß Du hattest damals
Am 13. April
Deine Hände im Spiel

Muse 8

Polyhymnia, die Hymnenreiche

Mit Pantomime und Geometrie
Lehrst Du uns das Leben.
Ernst, nachdenklich, seriös

Und wir schweifen in Maßlosigkeit
Während wir dem Satan
Unsere Seelen zurückverkaufen.

Wir ziehen Masken an
Bevor wir uns rasieren
Und opfern für Bedürftige
Die einen Porsche als Zweitwagen haben

Wir schaffen uns Ebenbilder
Die wir denunzieren
Und lassen uns vergewaltigen
Indem wir schweigen.

Unsere Freiräume sind
Fremde Identitäten anzunehmen
Um unsere Grenzen zu erkennen
Wobei hier jegliche Ethik
Auf der Strecke bleibt.

Muse 9

Kalliope, die Philosophische

Wenn Du Dich morgens anziehst
Weißt Du, dass die Nacht einsam war.
Weißt Du, dass der Tag einsam wird.
Weißt Du, dass die Sonne
Nie im Osten untergeht.
Weißt Du, dass die Logik
Die Lehre der Unvernunft ist.

Syllogistische Argumente
Werden zerschlagen.

Was passiert wenn der Prediger
Keinen Wein mehr verkraftet.
Oder der Startenor
Seine Ballettschuhe nicht mehr findet.

Die kleine untersetzte Frau
Mit der roten Nase
Und der Wortkarge Riese
Sind wahrhaftig Pioniere.
Der Groschen fällt.
Die Stadttore schließen.

Muse 10

Du Unwiderrufliche

Das Blau der Nacht war phosphoreszierend
Vor mir tauchen Gestalten in Tuniken auf
Eine in Weiß und
Die anderen in verschiedenen Farbnuancen
Mit synchroner Stimme sagen sie:
„Komm mit uns"
Und mir wird bewusst dass ich mich entscheiden muss
Mit einer der neun zu gehen.
das Licht hat sich verändert
Schatten nehmen ihre Gestalten auf
Und erschließen die Geheimnisse
Einer einzigartigen Stille.

Manche verhüllen ihre Reinheit mit Tüchern
Andere entblößen ihre Schönheit mit Schmerz
Die Gefahr ist stets real
Jegliche Gefahr.
Ich beginne zu laufen
Und im Takt einer fremdartigen Musik
Folge ich den Frauen mit der altgriechischen
Bekleidung.
Laufe gebeugt, den Blick geschützt
Weil ich begriff
Dass das Nachtlicht für immer am Erlöschen ist.

Im Rückspiegel der Gedanken
Eines prallen Lebens
Explodieren Bilder in meinem Hirn
Von Menschen die ich zu lieben gelernt habe
Der Ozean
Erhebt sich aus dem Dunst der Erinnerungen.
Der Himmel bekommt die Farbe
Von gebleichten Tüchern.
ich vermisse meine Freunde jetzt schon.

Ein Triumph keimt auf
Um mit der Kraft eines Kindes zu sterben.
Ich versuche Utensilien
Die verstaubt waren aufzuheben.
Unwirkliche Bemühungen
Es gibt Menschen die unfähig sind Liebe zu geben
Es gibt auch Menschen
Die unfähig sind Liebe zu empfangen
Und es gibt auch Menschen
Deren Lächeln voller Zärtlichkeit und Liebe ist.
Unser Weg war stets der,
Antworten auf Fragen zu stellen.
Ein ganz schmaler Grat
Zwischen Stillstand und Aufruhr
Wie das Suchen nach Gesellschaft.

Ganz weit vorn
Sehe ich wie sich die Straße gabelt
Scheinwerfer beleuchten den Weg.
Auf dem Boden rascheln welke Blätter
Nur meine Hände scheinen nichts zu empfinden.

Das Gefühl kommt auf
Dass eine Entscheidung nicht fern ist
Die Angst überstimmt die Stille
Ein Augenblick voller Gnade
Wie wenn Erklärungen rational wären.
Septemberlicht.

Ich kämpfe mit den ganzen Facetten
Die uns die Nacht lässt.
Die Welt schrumpft zusammen
Alles wird zu Dir.
Da Liebe niemals Unterwerfung bedeutet
Glaube ich an ihre Macht.

Mein Weg ist mit keiner der Neun zu gehen.

Meine Bestimmung ist die 10. Muse

Ein Arschloch hat Ausgang

1
Er zog seine Jeansjacke an
Die er 2005 in Boston zwei Tage
Vor dem Stones Konzert gekauft hatte
Drehte sich noch zwei Zigaretten für den Weg
Leerte zwei doppelte Metaxa
Schaute in den Spiegel ob sein Mittelscheitel noch saß
Kratzte sich ausgiebig im Schritt
Und alle wussten die ihn sahen:
Ein Arschloch hat Ausgang.

2
Er nahm Haltung an.
Training hatte er
Bei einem Veteranen aus dem Bürgerkrieg
Soldatendasein im tiefsten Osten.
Respekt und Demut wurde antrainiert
Reiswein und Wermut ist heute daraus geworden.
„Wenn Du nicht über Leichen gehen kannst,
Sarg dich gleich ein"
Ist einer seiner Sinnsprüche
Bevor er sich die Krawatte enger bindet
Damit wenigstens der Anschein seiner
Überheblichkeit Gewahrt wird.

3
Auf der Autobahn des Überflusses
Rast das Ekelpaket in die Dämmerung
Und die, die auf den Landstraßen hungern
Bilanzieren ihre Armut

4
Die Gräueltaten der Jahrhunderte
Versammeln sich in wenigen Worten
Und er pfeift die Hymne
Der Dummheit
Indem er seinen Zigarillo genussvoll
Auf einen Suppenteller stupft.
Es war der erste Jahrestag seiner Selbstständigkeit.

5
An der Außenseite der Küchenwand
Hinterließ er eine Nachricht
Dass er sich das nehmen würde was ihm
auch zusteht
Und er wusste dass
Landarbeiter Autobahnen bauen
Massenmörder Faltschachteln kleben
So könnte er, der Dorftrottel
Auch einen Industriebetrieb gründen

6
Leitspruch gesagt auf der Attiki Odos kurz vor
Der Ausfahrt Lamia:
Ich besitze Gebäude
Ich besitze Maschinen
Ich besitze Euch alle

7
Ob auf der Pinnwand vor der Toilette
Oder neben ihm im Schlafzimmer
Sein breites Foltergrinsen ist überall zu spüren.

Ob im Tee Salon der Burgruine
Oder in der Kunstgalerie in Arizona
Die Blondine hatte ihn soweit
Dass er im Beisein seines Chauffeurs
Kleinlaut zugab
Ein Arschloch zu sein

8
Opfer sind dumm und faul
Ein abgerichteter Adler nur eine Marionette
Die, die Gedichte schreiben sind Schlappschwänze
Und die, die Theater besuchen, Weiber.
Die, die nicht saufen Aussätzige
Und die, die nicht jede Möglichkeit
Einer Begattung wahrnehmen Charakterlos.

So stand er da und ließ sich von der jungen Nutte
Die er für weniger als 20 Euro engagierte
Am Hosenladen rumfummeln.
Und in dem Moment als er kam
Drückte er seine Zigarre auf ihrer Wange aus.

9
Eine kalte Nacht lag hinter ihm
Er hatte wieder Blutflecke gesäubert
Während sich im Park die ersten Liebenden
Verabschiedeten
Er lernte langsam, aber er lernte
Er wusste dass die Sterne am Morgen sich
wegradierten
Und Rinderknochen eine kräftige Brühe wert waren
Und während das Azeton einen beißenden Geruch
ausdünstete
Fragte er sich warum er es noch nicht geschafft hat
Botschaftsmitglied der Blindgänger Vereinigung zu
werden

10
Ein Mann der wie ein Arzt wirkte
War der Schafshirte der Nachbargemeinde
Ein Anderer vom Typ eines Musterschülers
War im Nebenberuf Pornodarsteller
Im Hauptberuf Leichenbestatter in dritter Generation

Der Kopf lag unweit vom Rumpf
Die Polizisten hatten ihre Arbeit getan
Der Tatort war abgeriegelt
Zwei Obdachlose beobachteten aus der Ferne
Wie ein Mittfünfziger eine Plastiktüte
Voller Schmerzmittel in den Kanalschacht schüttet

Der Mann der wie ein Arzt wirkte
Schaute auf seine Armbanduhr blickte Richtung
Werkstor und wusste
Dass der völlig dumme Direktor
Wieder eine Liebesnacht hatte.

Zwischendurch

1.
Wenn es Dich friert
Würde ich mich häuten lassen
Um Dir Schutz vor der Kälte zu bieten.

Wenn Du nach dem Meer schaust
Würde ich alle Berge beiseiteschieben
Damit Du freien Blick bekommst.

Wenn Du nach Freiheit rufst
Öffne ich Dir das Buch
Mit der Lehre des Absolutismus.

2.
Weil wir der Dunkelheit trotzen
Weil uns die Kälte nichts anhaben kann
Weil wir dem Orkan die Stirn bieten

Weil wir den Sommer genießen
Weil wir im Himmel schwelgen
Weil wir dem Morgen entgegenfiebern

Weil wir der Entfernung widerstehen
Weil wir die Angst vertreiben

Weil unsere Herzen schlagen
Weil wir den Augenblick begehren

Weil der Tod ein Fremder ist

Weil wir uns lieben.

3.
Die Pistole fest am Gürtel
Gehst Du über den Omonia- Platz
Und jagst Dunkelhäutige
Und nennst Dich Django.

Am Politechnio
Krempelst Du die Ärmel hoch
Maske auf die Nase
Nennst Dich Zorro
Und versuchst Mädchen abzuschleppen.

Am Sintagmaplatz
Verjagst Du Tauben
Mit Pfeil und Bogen
Nennst Dich Robin Hood
Und fühlst Dich erhaben.

Abends dann in der Wellblechhütte
Die seit mehreren Jahren
Dein Zuhause ist
Kochst Du Dir
Für die nächsten vier Tage eine Linsensuppe
Und verjagst die Flöhe
Aus Deinem Barthaar

4.
Er war ein kleiner Kieselstein
Und versuchte gegen den Mount Everest
Zu kämpfen

Sie war eine kleine Wasserlache
Und wollte den atlantischen Ozean
Herausfordern.

Wir jedoch sind so gefestigt
Dass uns kein Sturmwind zusetzen kann.

5.
Ich bete für alle
Gauner
Betrüger
Banditen
Lumpen
Piraten
Freibeuter
Diebe
Gangster
Räuber
Halunken
Und hoffe, dass wenn es unumgänglich wird
Einer aus dieser Klientel
Auch ein Wort für mich einlegen kann.

6.
Wer verliert schon gern
Und wenn, hat es mir niemals was ausgemacht
Meine Gedanken auf dem Pergament
der Seele aufzuzeichnen
Jede Nacht, der anderen gleich
Selbstbetrug als Kennzeichen
Zur inneren Absolution.

Manche flüchten sich in Alkohol
Manche trösten sich in Bordellen
Andere warten
Mit der Gewissheit
Dass Schatten vergänglich sind.

Und ich zähle die Monde
Die mich von dem trennen
Was an einem 13. April sämtliche Schatten
Vertreiben wird
Sämtliche Melancholie heilen wird
Die Niedergeschlagenheit verdammt
Die Depression tötet.

7.
Man bat mich um eine Aufzählung unserer
Ministerien und so begann ich mit einem
Fast vollständiges ABC der heimlichen
Vorlieben unserer Politiker.
Anthropophobie
Bacillophobie
Cleisophobie
Demophobie
Emetophobie
Gravidophobie
Halitophobie
Kardiophobie
Logophobie
Mysophobie
Neophobie
Odynophobie
Photophobie
Radiophobie

8.
Hier hat der Mann das letzte Wort
Das Glas gefüllt mit Tsipouro
Betrachtest Du die gegenüberliegende Straßenseite
Und ignorierst
Dass der Mond sich in den Scheiben spiegelt.
Du denkst über die Reisen nach
Die du irgendwann machen möchtest
Und Herrenlose Hunde bellen die Eintracht weg.
Ein Windhauch lässt dich frösteln
Und aus dem Lautsprecher des Fernsehers
Irgendwo aus einem offenen Fenster
Hörst Du die Wettervorhersage.
Aus dem Blickwinkel siehst Du wie eine junge Frau
Im offenen Cabrio um die Ecke biegt
Und die längste Nacht des Jahres beginnt.

9.
Einsamkeit als Zwischenziel
Zur vollkommenen Nacht
Gierig nach Anerkennung
Suche ich Im Dunstkreis der Hinterhöfe
Nach dem gemeinsamen Nenner
Des ärztlichen Bulletins und der Speisekarte.

Die Nebelwolken streuen
Serums -Tropfen der Amnesie
Und Dein Lächeln
Ein offenes Buch der Liebe.
Die Liebe spürt man mit geschlossenen Augen
Die Entfernung zu Dir unsichtbar
Und böse Geister
Vertreibst Du mit dem Kruzifix des heiligen Minas.

10.
Ein Flüstern der Bäume
Eine Welt ohne Angst
Deine Schönheit lähmt.
Und Deine Augen übernehmen
Die Weltherrschaft.

Jannis

An den Winterabenden
wird die Isolation zur Einsamkeit
Die Spinner sitzen vor dem Fernseher
Um die Lottozahlen zu erfahren.
Sie zählen die Haare auf der Brust
Um sich in der Richterskala der Machos
Besser Einzuordnen.
Die Nachrichten entfliehen
Bis der Wetterbericht angekündigt wird
Und man begreift, dass die meisten Schwulen
Brustbehaarung nicht mögen.

Es ist doch nur zu deinem Besten Janni.
Lass es bleiben.
Genauso wie die Romanzen die auf dem Eiffelturm
Beginnen und auf dem Totenbett enden.

An diesen Winterabenden zählen sie die
Tablettenschachteln
Um zu errechnen welche Krankheit sie haben.
Die Kerze auf dem Fenstersims leuchtet greisenhaft
Und Deine Liebesbriefe enden stets
Mit einem -Bis bald in Alabama-
Du betrachtest Dich im Spiegel
Machst eine Wahrscheinlichkeitsrechnung
Und erinnerst Dich an Daniel
Der im Zimmer neben Dir lag
Und Napoleon Bonaparte sein wollte.

Es ist doch nur zu Deinem Besten Janni.
Wenn Du Deinen Geburtstag ausfallen lässt
Um stattdessen Antidepressiva zu nehmen.

Eine Kartenleserin
Prophezeite Dir Glück und Reichtum
Triumpf und Mammon
Am nächsten Tag hattest Du dann diesen Unfall

Der Dich drei Monate ans Bett fesselte.
Und dieser Italiener im Nachbarbett
Schien mit ganz Sizilien Verwandt zu sein.
Dein einziger Besucher war die Nachbarin
Die Dich sogar mal mit Arschloch begrüßt hat.
Und dann Tätowierst Du Dich
Indem Du Deinen Körper ritzt
Mit der Erkenntnis einer der Auserkorenen zu sein.

Es ist doch nur zu Deinem Besten Janni.
Wenn man Dir die schlimmen Gedanken
mit Elektroschocks austreibt.

Die Züge fahren stets in eine Richtung
Die Literflasche Rotwein im Pappkarton
Erinnert an ausgetrocknete Wüsten.
Die Hosen die dir Dein Bruder vermachte
Sind zwei Nummern zu groß
Und statt eines Gürtels hast Du ein Packband
Mit Leuchtbuchstaben
Die Aufschrift: Sieben auf einen Streich

Das Meer scheint sehr abgelegen zu sein
Weiter als die drei Blocks bis zur Kneipe
Die im Hinterzimmer zwei Betten vermietet.
Sandra und Jeanne heißen die Beiden
Die Ihre Hintern für Dreißig Euro verkaufen.

Es ist doch nur zu Deinem Besten Janni.
Wenn man Dich mit Neuroleptika füttert
Um Deine Schlafrhythmen zu erforschen.

Meistens tragen die Helfer weiße Overalls
Mit Pailletten bestickt
Das Gesicht mit mehrschichtigem Pulver beschmiert
Und chronisch leeren Portemonnaies
Manch einer erzählt dass er Laurence von Arabien
sein möchte
Ein anderer Möchte Brigitte Bardot treffen
Viele nur George Clooney eine auf die Fresse

Hauen.
Du jedoch möchtest mit dem Galopper des Jahres
Einmal fehlerfrei über den Wassergraben springen.

Das Foto von der Frau mit dem fremdklingenden
Namen
Hast Du immer griffbereit
Und wenn Du Schritte hörst
Rennst Du zur Hintertür um sie zu verbarrikadieren.
Dann ritzt Du Dich wieder weil der Blutfluss
eine beruhigende, schlaffördernde und
Muskelentspannende Wirkung hat.

Es ist doch nur zu Deinem Besten Janni.
Deine Psychotherapie
Kann erst in zwei Jahren beginnen.
Bis dahin hör mir einfach nur zu.

Dann gab man Dir den Fragebogen
Kurz bevor man die leeren Teller mit dem paniertem
Schnitzel abräumte.
Man bat Dich mindestens drei der
Vorgegebenen Antworten auszuwählen
Und Du sagtest Dir drei von acht sind doch viel
besser als sechs von Neunundvierzig
"Scheiß Kugelschreiber" schriest Du und nahmst
einen Marker:
"Es besteht der innere Drang, bestimmte Dinge zu
denken."
Dabei schaust Du auf den Küchentisch und machst
Inventur:
Messer - Rasierklingen - Schere - Scherben
Dann betrachtest du Deinen Körper
Brust - Beine - Bauch - Genitalien - Gesicht
Du hast gehört dass man Gegenstände auf den
Kopf hauen kann
Dass man Haare ausreißen kann
Nadeln sich in die Haut steckt
Sich an bestimmte Stellen beißt
Gifte injiziert.

Es ist doch nur zu Deinem Besten Janni.
Beiß Dich, Zerstöre Dich!
Befreie Dich!

Gegenüber von Deiner Wohnung
Sind zwei eingezogen die den ganzen Tag
Ihrem Geschlechtstrieb nachgehen
Du bist der Stille Beobachter und hoffst
Dass er einen Plötzlichen Hirntod erleidet
Und sie mit Lockenwicklern in den Haaren zum Bäcker geht.
Du machst Dir einen löslichen Nescafe
Der nach Latrine schmeckt
Isst die Käseschnitten die man Dir andrehte
Und hörst den Hausmeister der Dir zuruft
"Hey Janni hilf mir mal mit dem Müllcontainer"

Es ist doch nur zu Deinem Besten Janni.
Wenn man Dich etwas strenger anfasst
So lernst Du Dich zu wehren.

Sobald Du aufstehst machst Du den Plan fürs Essen
Zum Frühstück Haferflocken mit etwas Honig
Am späten Vormittag einen Apfel oder eine Banane
Zum Mittag warm,
Diese warme Mahlzeit ist ein Muss.
Gestern gab es Blumenkohl mit Eiersoße
Heute Panierte Pilze in einer Rahmsoße und
Morgen, und darauf freust Du Dich ist
Broccoli angesagt.
Am Nachmittag werden drei Kekse vernichtet
Und kurz nach achtzehn Uhr, niemals später
Gibt es ein Butterbrot mit Schmalz
Vielleicht auch etwas Streichleberwurst
Ja das kann man Dir nicht nehmen Janni
Du wirst was die Ernährung anbelangt lange leben.

Kannst Du dich noch an den Jungen auf dem
Turm erinnern

Er wollte fliegen lernen
Der Adler will fliegen rief er jedes Mal
Wenn er in die Eckkneipe kam.
Und die Quoten dass er mal wirklich springen würde
Waren Eins zu Sieben.
Dann warst es Du glaube ich, der ihn vor dem
Gustav Siegle Haus sah
An der Wand lehnend um auf Freier zu warten.

In der Hierarchie der Angst
Hatte er den Rang einer Kanalratte
Die sich drei warme Mahlzeiten leisten konnte.
Du hattest damals das Schild um den Hals auf dem
"Spinner auf die Straßen" zu lesen war
Und weil Du so wunderbar Anders warst Janni
Hat man Dich nicht erst ermahnt sondern fast
Totgeschlagen.

Es macht mich traurig Janni
Immer wenn ich an Deiner Wohnung vorbeifahre
Und das Streichquartett nicht mehr erklingt
Auf den Wänden sind Deine Sinnsprüche nicht mehr
zu lesen
Und die Schulmädchen haben Dich vergessen.
Gute Sitten sind nur noch gute Sitten.
Man geht zur Arbeit, kommt von der Arbeit
Und legt sich schlafen um für den nächsten Tag
Fit zu sein.
Die Demonstrationen organisieren sich auf dem
Rechenschieber
Man dekoriert sich mit Geräuschen
Die undefinierbar sind
Und Ozeandampfer stehen im Rampenlicht.

Es ist doch nur zu Deinem Besten Janni.
Und Bücher sind nur für Spinner
Oder Todgeweihte.

Valium und Librium Sind Deine besten Freunde
Deine Erscheinung ist psychische
Niedergeschlagenheit in Perfektion
Und die Schrotflinte im Schrank grinst um die Wette
Deine Traumfrau zeichnest Du mit Leuchtmarker
Meistens mit einem Abendkleid von Talbot Runhof.

Kannst Du Dich an den Tag erinnern,
Du wolltest zur Arbeit
Als es Dir so schlecht wurde und Du dachtest:
-So jetzt werde ich sterben-
Ohne jemals ein richtiger Mann geworden zu sein
Frauen verprügelt
Kinder misshandelt
Tiere gequält
Geschirr und Küchenboden gereinigt
Von der Traumfrau phantasiert
Und ihr niemals begegnet zu sein.

Das Buch das Du vor drei Wochen gekauft hast
Liegt ungeöffnet auf dem Tisch
Du wolltest Dich nicht in die Privatsphäre
Einmischen
Und die Vögel im Käfig
Sterben einer nach dem Anderen
Wie Deine Sehnsüchte und die
Nie zu Realität gewordenen Phantasien.

Es ist doch nur zu Deinem Besten Janni.
Wenn der Nachgeschmack der Niederlage
Süßlich mundet.

Sie scheinen noch sehr weit zu sein
Die, die Dich zum Schafott begleiten
Du hörst sie schon von weitem lachen
Ihre Goldzähne blitzen im Sonnenlicht

Und sie kriechen wie Käfer
Von Zimmer zu Zimmer.
Du legst Dich auf den Rücken
Nein, Du wirst Dich nicht wehren
In den dunklen Höhlen Deines Glücks
Ist das Wort Zuflucht nicht willkommen
Ja, ein schöner aromatischer Tee wäre jetzt gut
Dein Krückstock ist weit.
„Was soll es" denkst Du
Die Rasierklinge schneidet tiefer
In Deinen Arm
Die Adern pulsieren
Schön ist es wenn das Blut fließt
Du hörst irgendwo weit weg
Maheritsas trommeln
Du schließt die Augen
Das Blut strömt aus Dir
Du gibst Dich der Wärme hin
Die Du nur durch Dich selber finden kannst.

Ja, sagst Du, es ist nur zu meinem Besten.

Griechenland liegt im Hinterhof

Sie mussten über umgeschmissene Bänke
Klettern und Ungeziefer ausweichen
Zwiebelringe lagen verstreut, fast systematisch
Auf dem Flur verteilt.
Die Leiche der Frau war wie in einer Position
Zur Schau gestellt
Die linke Hand zum Gruß erhoben
Die rechte zeigte in eine andere Richtung.
Das war der Tag an dem der Olymp seine
Schleusen öffnete und es von da an vierzig Tage
Und vierzig Nächte ununterbrochen regnete.

Ihr Vater hatte sich genau vor drei Jahren
Und Ihre Mutter vor drei Monaten umgebracht
Griechenland liegt im Hinterhof
Und sie jetzt zwischen Essensresten.
Das Hier und Heute ist nur noch Vergangenheit.
Ihr Körper eine erloschene Grenze
Die Nacht schwärzer als jedes Licht
Vergessen Ihr Lachen, vergessen Ihr Blick.

Eine Tageszeitung lag aufgeschlagen auf dem Tisch
Essensreste einer Bohnensuppe auf einem Teller
Und im Glas ein kleiner Schluck Retsinawein.
Was für eine ausgewogene Henkersmahlzeit.

Der Polizist fragte mich
warum ich mich in der Nähe befinde.
Gedanken und Erkenntnisse
Zwischen der Couch und einem Sandwich
Das ich noch in den Händen hielt.
Als einer der nichts weiß
Außer einem keuchenden Atem
War mir allein diese Frage zu viel.
Griechenland liegt im Hinterhof
Sagte ich

Ich erwachte
Meine Hände in Schlingen
In einem Raum
Der mit Neonröhren beleuchtet war.

Am ersten Tag traf sich Vergil heimlich mit Zeus
Um die Bankenkrise in Italien und Griechenland
Zu analysieren
Vergil sprach ihn mit seinem Kosenamen an.
Zeusi, sagte er, wenn Du kein Geld mehr hast
Dann kannst Du den Berg hier abstoßen
Oder Du gehst anschaffen.
Leidtragende sind nur wenige
Deine Kumpels die Dir was geliehen haben
Oder Deine Mitarbeiter die Du entlassen musst.

Das Dilemma einer Bank jedoch wirkt sich
auf die gesamte Volkswirtschaft aus
Zeus trank aus seinem Plastik-Becher,
Die goldenen waren längst im Pfandleihhaus,
Kratzte sich im Schritt und murmelte:
Immobilienkrise, Börsencrash
Weltwirtschaftskrise, Zusammenbruch
Diese Kettenreaktionen ekeln mich an
Und indem er einen weiteren tiefen Schluck nahm
Gab er dem Römer Vergil einen Tritt und bestellte
sich übers iPhone
Drei Stripperinnen aus Casablanca
Um den Rest des Nachmittags zu gestalten.
Und Griechenland lag immer noch im Hinterhof.

Am zweiten Tag erschien Homer
Mit zwei Karten für das Champions- League- Finale
Und verlangte zum Tausch
die Lossprechung von seinen Sünden
Der korrupte Priester einigte sich mit ihm.
Diese Tickets tauschte er dann auf Anraten seines
Psychologen
Gegen ein Halbjahresabonnement

Der Südkoreanischen Playboy Ausgabe
Für die meistens junge Männer posierten.
Dieser Psychiater, ein Nachkomme von
Grigori Rasputin
War mit Benito Mussolinis
Großneffen der als Chefanalytiker einer
Spanischen Großbank arbeitete, befreundet.
Dieser verkaufte die Karten an Großaktionäre
Der Deutschen Bank Frankfurt die zum Austausch
Von Sir Timothy Berners-Lee
Die Zusage erhielt
Das World Wide Web auf „FSG" umzubenennen
„FSG" auch als Freude schöner
Götterfunken bekannt
Homer ärgerte sich so sehr
Und beschloss die Odyssee
Nicht fertig zu schreiben.
Und Griechenland lag im Hinterhof
Und Odysseus irgendwo bei den Sirenen.

Am dritten Tag kam Dustin Hoffman
verkleidet als Tootsie und meinte
Dass Moby Dick irrtümlich als Pottwal bekannt sei
Der Streit eskalierte als Börsianer
Die gerade Walsuppe speisten
Ihre Dividenden verwetteten und
Vittorio De Sica und Cecil B. De Milles anriefen
Um endlich Klarheit zu bekommen
Ob Hier Insidergeschäfte getätigt wurden
Da der schwarze Sidney Poitier doch eine
Verblüffende Ähnlichkeit mit Clark Cable aufwies.
Die Begriffe Freistellungsauftrag, Garantiezins
Und vor allem Fondsdepot machten die Runde
Und nachdem Marilyn erschien
Und ihre Erfahrungen und Eindrücke von
"Wie angelt man sich einen Millionär" erklärte
Beschloss man die nächste Deflation einzuleiten.
Howard Hughes wurde exhumiert.
Dagobert Duck begriff dass es Zeit wäre abzuhauen
Und Apollo 13 wurde startklar gemacht.

Die ersten Marsmenschen verliefen sich
Da Griechenland im Hinterhof lag
Und die Akropolis ohne Navigation unauffindbar war.

Am vierten Tag
Ich lag immer noch gefesselt in dem Raum
Voller Neonröhren
Erschien Napoleon Bonaparte und rief:
Die Allgemeinheit ist immer Opfer der Börse
Das Risikomanagement hat wieder versagt
Schälte sich einen Apfel von der Sorte die sonst
Kurz vor dem Sturm auf die Bastille verspeist wurde.
Und die Pisspagen hatten ihren freien Tag.
Eva Braun kam restauriert aus dem Frisiersalon
Und die Wirtschaftsminister feierten
Gruppensex mit den Aufsichtsratsmitgliedern
Die Kollekte wurde gezählt und gerecht verteilt
Wobei die Devise lautete:
Bist Du kein Milliardär, bekommst Du nichts.
Die Zyklopen waren im Vierundzwanzig-
Stunden- Streik
Und die die den Hungertod erlitten
Starben ohne Liveübertragung in RTL
Strom wurde nur noch durch Kernenergie erzeugt
Und Griechenland versank im Nebel
Des Hinterhofs.

Am fünften und sechsten Tag passierte nichts
Man hatte die Welt still gelegt
Im Fernsehen
Liefen die Dating-Game-Shows und die
Letzte Staffel von
Europa sucht die ärmsten Schlucker.
Am siebten Tag fand man die Lösung
Die Ouzo- Steuer wurde auf 40 Prozent angehoben
Das griechische Alphabet halbiert
Ladadika wurde zum Zentrum der Asylbewerber
Die Flüchtlingsboote landeten in Piräus.
Turkolimano war nur noch

Auf dem Seeweg erreichbar
Und Bouzoukispiel wurde mit dem Tode bestraft.
Die Kirchen erhoben Eintrittsgelder
Und Sterben war nur noch für die erlaubt
Die Wertpapiere der deutschen Bank besaßen.
Die Akropolis wurde zum Abladeplatz
Für nuklearen Müll
Und die 3054 griechischen Inseln
Gerecht an die EU- Partner verteilt.
Das Wort Mitgefühl wird durch Machtgier ersetzt
Das Wort Solidarität durch Gewinnanteil

„Wenn Du nicht in der Lage oder willens bist,"
Fuhr der Arzt fort und schob die Kanüle in die Vene,
„Dann gibt es eine Zwangseinweisung und
schließlich willst Du nicht schuld sein, dass die
Mitarbeiter der Krematorien arbeitslos werden."
Genau in diesem Augenblick kam
Jesus Christus von Nikos Kazantzakis begleitet
Vom Kreuz und sprach zu ihnen: *Wer unter euch
ohne Sünde ist, der werfe den ersten Stein*
Die Wirtschaftsminister die dieses hörten
gingen hinaus, von ihrem Gewissen überführt, einer
nach dem andern…
Das EU Parlament berief eine Sondersitzung
Und man stellte fest dass dieser Jesus
Auf der Fahndungsliste der CIA ganz oben stand.

Manche begriffen jetzt warum
Die Leiche der Frau so in Position
Zur Schau gestellt wurde und warum
Ihre Hand zum Himmel zeigte.

Griechenland liegt im Hinterhof
Und Jesus war doch ein Grieche.

Ich erkenne dich an der Klinge

Mein Vater erschien mir,
mit diesem Lächeln auf den Lippen,
dieses Lächeln das seine
Herzenswärme ausdrückte.
Er konnte einen anschauen und Du wusstest
Dass dieser Mann die Güte ist.
Er beglückwünschte mich und sagte
Früher warst Du der Jüngere
Jetzt bist Du inzwischen vier Jahre älter
Als ich geworden bin.
Und ich fragte ihn wie es ihm geht
Fragte nach Mama und ob sie
im Himmel gemeinsam sind
So wie er es immer versprochen hat
Und sein Lächeln sagte mir, dass dies der Fall sei.
Dann erzählte ich von mir
Er kannte bereits alles
Bis unser Gespräch
Auf sein Lieblingsthema kam:
Hellas

Und mein Vater meinte:
Ich habe französische Politiker gesehen
Ich habe deutsche Politiker gesehen
Und ich habe griechische Politiker gesehen
Und alle waren im selben Puff
Und jeder ist Patriot.
Ich habe französische Banker gesehen
Ich habe deutsche Banker gesehen
Und ich habe griechische Banker gesehen
Und alle waren stets korrupt
Und immer beherrschten sie den Staat.

Die Griechen mein Junge, fuhr mein Vater fort
Die Griechen tun es kultiviert.
Griechenland war stets das Ziel der Eroberer

Und mit ihrer Verschleppungstaktik
Plünderten sie unsere Schätze
Nicht diese von Aristoteles, Demokrit und Sokrates
Nicht diese von Tsitsanis, Loizos und Zambetas.
Wir wurden auf den Boden gezerrt
Man trocknete uns aus
Aber das griechische Volk behielt seine Würde
Das, was wir Hellenismus nennen.

Aber das Mark der griechischen Psyche
Wurde verwundet jedoch niemals besiegt.
Bouboulina und Kolokotronis waren die Helden
Die Sieger waren englische Banken
Und man verkaufte sich jedem
Der Geld verleihen konnte
Ein Drittel dieses Geldes wurde
Als Bürgschaft zurückbehalten
Ein Drittel wurde verwendet, von
Bürgen Waffen zu kaufen
Das andere Drittel diente,
Die Korruption aufleben zu lassen.
Und diese Bestechlichkeit war die heimliche Hymne
Nicht Solomos hat unsere Hymne geschrieben
Banker und Politiker waren es.

Das Baby Hellas
Hatte die Krankheiten eines Greises
In der Zeit als in Mitteleuropa
Die Industrialisierung ihren Anfang nahm
In der Zeit ist Griechenland
Viermal Bankrott gegangen.

Und an Deinem elften Geburtstag mein Sohn
Haben diese Verräter, diese Schufte, diese Gangster
Griechenland noch einmal verkauft.
Nicht die Akropolis oder Likawitos
Nicht Kreta oder Rhodos
Sondern unsere Vorstellungen.

Sie haben uns kämpfen lassen
Die sogenannten sauberen Alliierten
Man Bekämpfte einen Schnauzbart in Berlin
Der zur willkommensten Zeit anwesend war
Man ließ uns Griechen ausbluten
So wie sie es heute versuchen
Griechenland jedoch mein Sohn
Zahlte alle Schulden zurück
Alle Schulden der letzten 140 Jahre
Und die drei Teufel
Papandreou, Mitsotakis und Karamanlis
Benutzten fortan
Goldenes Toilettenpapier.

Die Schulden waren das Eine
Die Zinsen dreimal so viel.
Und dann kam die Militärjunta
Und aberwitzig aber wahr
Eine längere Zeit des Friedens.
Die neue Religion nannte sich EWG
Und die drei Teufel setzten neue Gebote ein
Das Parteibuch war die Bibel
Die Bequemlichkeit diente zur Gehirnwäsche.
Jedem Griechen wurde in die Wiege gelegt
Dass nicht Arbeit gleich Lohn bedeutet
Sondern Verrat und Trägheit.
Das Wort "ehrlich sein" hieß Vetternwirtschaft
Und die Jahre vergingen
Aber die Politiker blieben.

Ja, ich kenn' dich an der Klinge
deines Schwerts, so scharf und blank,
wie auf diesem Erdenringe
schreitet dein gewalt'ger Gang.
Der du aus der Griechen Knochen
wutentbrannt entsprossen bist,
die das Sklavenjoch zerbrochen,
holde Freiheit, sei gegrüßt!

Und der neue Zeus hieß fortan Goldman Sachs
Frankreich und Deutschland verkauften Waffen
Und das Kapital hieß "neue Schulden"
Das griechische Wunder erblickte das Licht der Welt
Dieses Wunder jedoch wurde blind geboren.
Günstlingswirtschaft, Kumpanei
Spezlwirtschaft würde Konstantin Wecker sagen

Und man fuhr mit der Selbstzerstörung fort
Mit Tricks und faulem Zauber
Die Katharsis-Konzeption von Aristoteles
Wurde totgesungen
Schattenwirtschaft, Bürokratie, Selbstbedienung
Hat Glauben, Hoffnung Liebe ersetzt
Und wäre nicht die Weltwirtschaftskrise 2008
Wäre alles beim alten.
Die Monopolisten hätten weiter monopoliert
Die Reichen würden noch reicher und
Die Griechen die Deppen Europas
Und man hörte fortan von Hilfspaketen
Schuldenspritzen
Schuldenerlass
Und Olivenöl kam auf einmal von
griechischen Oliven
Und Tomaten schmeckten wieder besser
Weil es griechische waren
Das Fladenbrot aus griechischem Mehl.

Das Land übernahm die Troika
Der Toilettendeckel wurde zur Reinemachefrau
Und der Sumpf zur Depression
Und wieder kommt ein neuer Tag
Man streitet, man versöhnt sich
Man verspricht, man hintergeht
Und der Depp ist der kleine Mann
Zweifellos
Wir brauchen Waffen
Genau wie ein Sterbender eine Fernbedienung

Zweifellos
Die Griechen sind nicht unschuldig
Trägheit hat die Staatskassen geleert
Und die Vernunft verjagt
Trotz alledem
Wird der Grieche aufstehen wenn die Bouzouki spielt
Sich drehen wenn ein Zembeikiko erklingt
Wird seinem Nachbarn die Hälfte seines
Brotes geben
Dem Fremden eine Bleibe
Wird Tränen in den Augen haben
Wenn die Hymne der Freiheit gespielt wird

Mein Vater sah müde aus
Als er mich am Arm nahm und sagte
Steh auf Junge
Schalte das Radio ein, lass uns gemeinsam singen

Ja, ich kenn' dich an der Klinge
deines Schwerts, so scharf und blank,
wie auf diesem Erdenringe
schreitet dein gewaltiger Gang.
Der du aus der Griechen Knochen
wutentbrannt entsprossen bist,
die das Sklavenjoch zerbrochen,
holde Freiheit, sei gegrüßt!

Der Ymnos is tin Eleftherian (griechisch Ύμνος εἰς τὴν Ἐλευθερίαν ‚Hymne an die Freiheit') ist die Nationalhymne Griechenlands. Der Text entstammt dem gleichnamigen, 1823 von Dionysios Solomos geschriebenen Gedicht aus 158 Vierzeilern, die Musik stammt von Nikolaos Mantzaros.

Die 24 Stunden vor seinem Tod um 20:20

Vortag 21:20
Bauunternehmer, Filmproduzenten
Und Käseverkäufer
Diese Kerle haben was Besonderes.
Sie öffnen ihre Geldbörse
Sie treffen sich im Offiziersclub
Und onanieren um die Wette
Sie drehen ihre Zigaretten im Walzertakt
Und mit den Fingernägeln öffnen sie ein Dosenbier
Das erinnert mich an den Mai 1977
Auf einer Parkbank im Schlossgarten
Als Südländer den von Hunden
Angepissten Löwenzahn sammelten
Um am Abend den Salat zu lobpreisen.

Vortag 22:20
Das Radio spielte wieder einmal
Ihren Lieblingssong
Und zwei Kilometer weiter
Starben sieben Menschen
Bei einer Massenkarambolage
Der Notarzt vernaschte die Nachtschwester
Und der Schreinermeister etikettierte
Die aus Albanien importierten Särge um
Jetzt konnte man „Made in Germany" erkennen.
Der Sonnenuntergang war um 19:24
Die Frau des Botschafters führte ihren Dackel Gassi
Und er setzte sich auf die Klosettbrille
Um die Toilette nicht zu bespritzen.
Kim Carnes sang Bette Davis Eyes
Und ein unerträgliches Hassgefühl
Beschlich sie als sie die Abtreibungspille schluckte
Und begriff dass es für einen Menschen
Einen Sonnenaufgang niemals geben würde.

Vortag 23:20
Sie war schon in Ordnung.
Sie war die Frau des Bankdirektors
Aus der Nordstadt.
Er hatte sie in einer Bar getroffen
Als die Happy Hour längst begonnen hatte.
Sie hatte den fünften Caribbean Punch genommen
Und ihre Bluse war bis zum Bauchnabel aufgeknöpft
„Ich bin eine anständige Frau" sagte sie
Er fragte ob er ihr einen Drink spendieren dürfte
Sie nickte
Und er erzählte von der Episode
Als er im Kongo als Söldner angeheuert hatte
Und dann wollte sie noch einen Drink
Und er berichtete wie er in Angola
Mit den Revolutionären kämpfte
Und Frauen als Schutzschild nahm
Beim nächsten Drink
Schrie er: "Volle Deckung"
Als sie quer über den Tresen kotzte.

Heute 00:20
Er liebte Geschichten
Und erzählte stets die Story
Als er Mittellos nach New York kam
Unterhosenmodel wurde
Und schließlich Börsenhändler an der Wall Street.
So rächte er sich an dem Drugstore Besitzer

Er liebte Geschichten
Und es machte ihm einen Heidenspaß
Von den Eskapaden in Wien zu berichten
Als er binnen einer Woche zehn Jüdinnen hatte.
So rächte er sich an all den Frauen die ihn
Enttäuscht hatten.

Er liebte Geschichten
Auch die wie ihm ein Vogel an den Niagara Fällen
Voll auf den Kopf geschissen hatte.

Und er daraufhin eine Ente totschlug
So rächte er sich an allem was gefiedert ist.

Nur die Eine Geschichte verschwieg er
Als er von einem Mönch
In der Sakristei vergewaltigt wurde
Und er daraufhin die Kollekte stahl
Um sich an der Kirche zu rächen.

Heute 01:20
Als Christ wollte er stets der Angst entsagen
Angst nicht geliebt zu werden
Angst zu versagen
Die Angst um Sie
Die einzige Frau die er jemals geliebt
Und die er stets betrogen hatte.

Sie lagen auf der Couch
Sie links und las Arthur Schnitzler
Er lag rechts und las Anna Karenina
Und künstliche Abende
Endeten als Scherbenhaufen.
Dann schnappte er sein Glas Rotwein
Und sie übergoss sich mit Benzin
Und ging auf den Balkon eine Rauchen.

Heute 02:20
Um die Rückkehr zu Gott zu erlangen
Musst Du Buße tun
Und im Kafenion beichtest Du
Der Pope und Du einen Ouzo in der Hand
Und wenn das Glas erneut gefüllt wird
Hast Du die Chance gnadenhafte Vergebung zu
Erhalten.

Die Sünden sind nicht messbar
Kostas hat lediglich aus dem Hühnerstall
Ein Huhn geklaut

Damit seine Kinder nach Wochen
Etwas Fleisch auf den Teller bekommen
Dr. Papadopoulos der Banker
Hat Millionen veruntreut
Er kann sich das Beichten sparen
Weil beide Sünder wieder in die Gemeinschaft
Integriert werden
Kostas durch Zahlung von 15 Euro an seinen
Nachbarn.
Dr. Papadopoulos durch eine neue Yacht die er
Seiner Frau überschrieb.
Die dann zum Drei-Uhr-Tee ein Mitglied der
Englischen Königsfamilie eingeladen hatte.
Kostas erhielt trotz Zahlung der 15 Euro
Eine Strafanzeige, die er für 185 Euro ablöste
Dr. Papadopoulos durfte dem Premierminister
Seine Golfschläger schenken.

Heute 03:20
Das Motorrad bremste
Ein donnernder Knall
Vor ihm ein finsterer Tunnel
Er sah sich aus der Vogelperspektive
Hey, ich sehe gut aus sagte er
Schade dass ich die neue Joop- Jacke nicht anhabe
Er sah ein Licht
Er spürte eine Wärme
Er dachte an den Ouzo vom Vortag
Und wie ihn diese hässliche Kellnerin anmachte
Ein Licht kam immer näher
Oder bewegte er sich zum Licht?

Er sah sich als Baby in seinem Bettchen
Mit diesem grässlichen Mobile spielen
Er sah sich mit der Schuluniform
Dann wie er mit Hans, Tom und Alfred
Um die Wette zechte.
Er sah sich zum ersten Mal Auto fahren
Und er sah Anna wieder

Anna, die zwei Tage nachdem sie miteinander
Schliefen
Seinen besten Freund geheiratet hat.
Er sah sich im Büro wie er Statistiken
Für eine Auslandsgesellschaft Manipulierte.

Das Licht vor ihm wurde plötzlich zu einer Gestalt
Sie kam näher
Bis er durch eine horizontale
Rückwärtsschleuder
Sich mit schmerzenden Gliedern
In einem Krankenhausbett wieder fand.
„Scheiß Ouzo" sagte er sich
Und sah der Krankenschwester auf den Hintern

Heute 04:20
Als sie sieben war, starb ihr Vater
Als sie neun war wurde ihre Mutter
Von einer Straßenbahn erfasst
Mit elf wurde bei ihr Leukämie diagnostiziert
Mit Fünfzehn wurde sie vergewaltigt
Mit siebzehn brach sie sich beide Arme.
Mit neunzehn lernte sie ihren Traummann kennen
Der sie am zweiten Hochzeitstag verließ.

Mich traf sie wenige Wochen später
Als ich ihr eine Bleibe bot
Weil sie nicht mehr wusste wo ihr Zuhause ist.
Dann blieb sie sieben Tage
Seit drei Wochen verlor ich sämtliche
Fußballwetten und
Komplimentierte sie wieder auf die Straße
Heute ist sie Mitte vierzig
Führt ein Edelbordell in Frankfurt
Und hat jewels ein Haus
In Monte Carlo und Davos
Ich wette immer noch auf Fußball.

Heute 05:20
Um den Job zu bekommen
Hat er sieben Bewerbungen geschrieben
Hat sich eine neue Frisur verpassen lassen
Und sich ein neues Hemd gekauft.

Eine Woche vorher hat er sich im Internet
Über das Unternehmen erkundigt
Rief Sebastian an der sich in der Branche auskannte
Fragte nach Tipps die er sich noch einholen könnte.
Zwei Tage vor dem Termin
Hatte er nicht schlafen können
Trank vielleicht einen Schnaps zu viel
Um sich etwas zu beruhigen.
Am Morgen der Vorstellung
Hatte er glasige Augen
Seine Haut wies Veränderungen auf
Doch er ignorierte es großzügig und so
War der Job als Müllmann ihm dann sicher.

Heute 06:20
Er war jeden Mittwoch Stammgast bei Thomas
Er bestellte sich stets ein Bier
Und zum Essen gab es stets Lammkoteletts
Mit Kartoffelscheiben und Salat

Ihm ist vor drei Jahren
Eine schizoaffektive Störung diagnostiziert worden
Und als ich ihn zum ersten Mal sah
War ich geschockt über sein Benehmen
Das Anders war
Und exakt das Ängstigte mich
Dass mich von dem „Anderssein" Betroffenheit befiel

Er hatte einen hässlichen, unförmigen Kopf
Was nichts mit seiner Krankheit zu tun hatte
Aber er war hässlich und unförmig.
Er hatte tote, sprachlose Augen

Und seine Hände waren plump und tapsig.
Er unterhielt sich mit dem leeren Stuhl
Und wenn er seinen Kopf hob
Dann sah man seine Zahnlücken
Und die dreckigen Zähne.

Die Kellnerin brachte ihm ein zweites Bier
„Vom Chef" sagte sie
Und er grunzte etwas schwer Verständliches
Dann legte er sein Besteck beiseite
Wischte sich elegant über den Mund
Trank sein Bier in einem Zug.
Lächelte mich an als er bemerkte
Dass ich ihn beobachte
Ja es stimmt er hatte einen
Bizarren und völlig unrealistischen Wahn
Kann mir jemand dann den Unterschied
Zwischen ihm und unserem Finanzminister erklären?

Heute 07:20
Es war genug zu essen da
Zum Trinken Unmengen an Kisten
Mussolini übergab sich in eine Schüssel
und Don Camillo wischte ihm den Mund ab
Rick schloss sein Café
Und Casablanca war einen halben
Erdteil entfernt
Der Vorhang öffnete sich zum ersten Akt
Und das Staatsballett begann zu tanzen
Stalin würgte eine Bratwurst runter
Shirley MacLaine führte ihren Pudel Gassi
Der Papst bekam einen Stimmbruch
Die rote Armee nahm sich einen Urlaubstag
Juden beteten in einer Moschee
Und Frauen sangen mit offenen Haaren.
Behutsame Gigolos
Und Wichtigtuende Mönche stimmten ein
Die Pommes- Buden hatten Konjektur
Und der Bankdirektor einen offenen Hosenladen
Der eiserne Vorhang fing Feuer.

Mit gesenktem Kopf
Erreichte er die Download-Geschwindigkeit
Die ihn zurück zu seinem Heimatplaneten beförderte
Was zurück blieb waren
Leere Teller
Und sehr viel Flaschenpfand.
Griechenland begann sich zu retten.

Heute 08:20
Vor exakt drei Jahren hat sie ihn verlassen
Und er wollte sich damals umbringen
Den Schmerz
Und viel mehr die Scham konnte er nicht aushalten
Und er suchte sie im Osten
Aber dort herrschte Chaos und Anarchie
Als er dachte dass er sie gefunden hätte
War es nur Natascha die sich jedem hingab.

Er suchte sie im Westen
Und fand Cowgirls
Mit engen Jeans und roten Halstüchern
Und er dachte dass er sie gefunden hätte
Aber es war nur Natascha die billige Hure.

Er suchte sie im Norden
Dort fand er Rothaarige mit schiefem Lächeln
Die ihn fragend anschauten
Und er dachte dass er sie gefunden hätte
Es war nur Natascha die wieder angetrunken war.

Schließlich im Süden
Ja er war sich sicher
Hier ist sie und sonst nirgends
Und er fand leere Plätze
Erloschene Lichter
Ausgetrocknete Meere
Das Pantheon zerstört
Eine Bouzouki ohne Saiten
Und Natascha als Skelett.

Heute 09:20
Mit acht
Kletterte er durch Kellerfenster
Und raubte Wohnungen aus
Mit zehn
Bedrohte er mit einem Messer
Einen anderen Jungen.
Mit dreizehn
Wurde er zum ersten Mal
Von einer Gruppe Heranwachsender vergewaltigt.
Mit sechszehn
Erwürgte er mit bloßen Händen
Jemanden der einen Kameraden zusammenschlug
Mit siebzehn
Wurde er zum ersten Mal gefasst
Und für zwei Tage ins Gefängnis verfrachtet
Im Gemeinschaftsraum lief
Titanic
Seine Eltern lernte er niemals kennen
Er wusste nur dass er irgendwo in Albanien
Geboren
Und mit siebeneinhalb Jahren
In den Süden befördert wurde
Und das große Schiff ging unter
Die Musiker spielten weiter
Und er urinierte an die Wand
Als der Abspann
Und "My Heart Will Go On"
Erklang

Heute 10:20
Sie schrieb ihm einen Liebesbrief
Den er exakt ein Jahr nach Ihrer Flucht
Aus der gemeinsamen Wohnung las.
Darin stand
Dass Sie ihn lieben würde
Jedoch seine Aggressionen
Ihr keine andere Wahl ließen und sie müsste weg.

Als er später die zweite Wodkaflasche öffnete
Drei Küchenstühle aus dem Fenster warf
Und gegen den Fernseher trat
Fragte er sich wie blöd sie doch war
Und nicht in ihm den zärtlichen Mann sah
Der er war.

Er war doch Seele pur
Und eine Nacht wie diese
Ersetzt ganze Jahrhunderte.
Was sind das nur für Verrückte
Die nur das negative Denken im Vordergrund sehen
Hat er nicht ständig ihren Hintern
Angehimmelt
Hatte er sie nicht einmal
Mit der braunen Decke zugedeckt
Als genau dieser Hintern entblößt fror.
Und er trank einen weiteren tiefen Schluck
Und nahm ihren Brief
Ging in die Toilette
Um sich damit seinen Arsch abzuwischen.

Heute 11:20
Sie war weit in den Achtzigern
Die Zigarette im Mundwinkel
Und betrachtete die Auberginen.

Der italienische Obsthändler
Wog ein halbes Kilo ab
Und gab eine kostenlos dazu.
„Das macht er immer so"
Sagte die Frau „Er ist ein guter Mensch"
Sie hatte weitere drei Tragtaschen und
Der Fremde fragte
Ob er ihr helfen könnte
Und sie sah den Obsthändler an
Dieser nickte zustimmend.

Und der Fremde durfte ihr die Tragtaschen
Bis zur Wohnungstür bringen.
„Sie können ruhig rein kommen
Ein Glas Wasser trinken."

Und während sie in der Küche war
Sah er aus dem Fenster den Sonnenuntergang
Und vergaß
Dass er drei Tage nicht gegessen hatte

Heute 12:20

Seit vielen, vielen Jahren bewunderte ich ihn
Er war der Künstler, der Star
Er spielte König Lear und Euripides
Er war Othello und Don Juan
Und eines Tages erzählte er
Wie es begann:
Seine erste Gage war eine warme Mahlzeit
Und die Gewissheit
Dass bessere Zeiten kommen werden.

Er spielte Brecht und Ibsen
Strindberg und Goethe
Gerhart Hauptmann und Zuckmayer
Pirandello und Anouilh
Und eines Tages sagte er
Kam der Intendant und sagte
Dass das Einzige was er bieten konnte
Ein trockenes Stück Brot wäre.
Und er gab ihm den Rat in die Hauptstadt zu gehen
Er wäre so begabt, er würde bestimmt was finden.

Der Wallenstein von Schiller
Der Dr. Faust von Goethe
Der Dorfrichter Adam von Kleist
Oder der Valentin von Shakespeare
Hatte in den Fünfzigern die erste Anstellung in Athen
Als Gage gab es ein Dach über den Kopf

Und es wurde geteilt was die Zuschauer brachten.
Eier oder Butter, mal etwas Hähnchen oder Gemüse

Als ich ihn viel später sah
Er war inzwischen die Ikone der Bühne
Gab er dem Reporter ein Interview
„Ich habe erst dann angefangen zu leben" sagte er
„Als ich zum ersten Mal so viel Geld verdiente um
Anderen einen Teller Suppe zu spendieren.
Minutenlanger Applaus ist nichts im Vergleich zu
dem Blick den Du siehst wenn Hungernde
Etwas zu essen bekommen.

Seit vielen, vielen Jahren bewundere ich ihn
Er ist der Künstler, der Star.

Heute 13:20

250 Jahre vor meiner Geburt
Hat man Dich heiliggesprochen
Und ich weiß nicht ob es nur
Heiligen bestimmt ist
Den Mörder seines Bruders
Vor den Soldaten zu verstecken
Ihm zu verzeihen und dann noch
Zur Flucht zu verhelfen.

Jetzt liegst Du in Deinem
Sarkophag
Als Du 1547 geboren wurdest
Warst Du reich und adlig
Dich interessierte jedoch nur die Güte
Und in der Einsamkeit fandst Du Deine Bestimmung

Du warst Einsiedler und Priester
Abt und Bischof
Und dann wieder einfacher Pope.

Und als man dich begrub
Deinem Willen entsprechend auf Stamfani

Erschienst Du Jahre später
Und wolltest nach Zakynthos
Weil Piraten Deine Ruhestätte störten.

Man fand Dich nach so vielen Jahren
Unversehrt und nach Blumen duftend
Und vor Deiner Hülle schwor ich
Ewige Zuneigung
Und durch Deinen Segen erfuhr ich
Ewige Liebe

Heute 14:20

36 Stunden ist das Limit
Komm zurück
Nur für diese kurze Zeit
Und hör mir einfach nur zu
Was ich Dir so lange sagen wollte.

36 Stunden bitte ich Dich
Den Lauf der Zeit anzuhalten
Und mir für 36 Stunden zu vertrauen
Ich werde bei Dir sein
Und Du bist bei mir
Und nur diese wenigen Stunden
Sollen Dir sagen
Wie sehr ich Dich brauche

Für 36 Stunden werden wir
Eine Reise antreten
Die wir schon immer machen wollten
Zum Mond und zu der Sonne
Damit der Körper wieder eins wird.

36 Stunden freies Leben
36 Stunden bis zur Wiedergeburt

36 Stunden eine ganze Wirklichkeit.
36 Stunden ist das Limit
Komm
Das Totenreich ist Geduldig

Lass uns den Spaziergang wiederholen
Zum Schloss und nochmals zurück.
Alle Momente ein einziger Lichtstrahl.
Alle Augenblicke ein einziges Sehnen.
Damit das Leben seinen Gang nimmt
Für 36 Stunden

36 Stunden freies Leben
Und der Körper bebt
Die Zeit steht still
Und Dein Geist ist der Meine

Und ich schmelze dahin
In den 36 Stunden
Und der Körper schwebt
In den 36 Stunden
Und Deine Stimme ist hier
Für 36 Stunden
Und mir wird klar, dass
Der 36 Stundentraum
Inzwischen über vier Jahre dauert.

Heute 15:20

Sie hätte um die Zeit nicht da sein dürfen
Vielleicht in Südamerika oder Wanne-Eickel
Aber nicht hier
Sie hatte diese Pillen genommen
Die Abnehmen im Schlaf versprachen
Sie ging in die Küche
Schaltete das Radio ein
Und nahm einen großen Schluck Cola Zero
Dann drehte sie den Gashahn auf
Und sagte: „Gute Nacht"

Heute 16:20

Van Gogh stolzierte im Pyjama durch Amsterdam
Albrecht Dürer malte sich im Sitzen
Und Peter Paul Rubens starb an Gicht.

Jan Vermeer hatte Dienstmägde gern
Raffael liebte die Schule in Athen
Rembrandt übte sich in der Nachtwache.

Jean-Antoine Watteau träumte von Kythera
Und dem, der nächsten März geboren wird, ist
Auf dem Grabstein der Goethe- Spruch geschrieben:
„Wer sich nicht selbst befiehlt, bleibt immer Knecht."

Heute 17:20

Sie hatte den bösen Blick.

Das Leben lässt sich nicht aufhalten
Und die Verlieren haben stets
Die gleiche Einstellung.
Einfach sein
Scheißegal wie
Und das Ungeziefer breitet sich aus.
Die Bilderrahmen sind leer
Und sie errechnet die Tage seines Abschieds
Mit Kreidestrichen auf der Küchenwand.

„Bei Dir fühl ich mich als eine Zwischenlösung"
Sagte er eines Tages
Und seine chaotische Gedanken
Waren wie Liebe ohne Gesetzmäßigkeit.
Der Ausweichmechanismus
Ist für die Intelligenz der Sarkasmus
Wut bricht bei den Schwachen aus.
Und die Blicke verlieren sich
In der Dunkelheit
Keiner fragt wann das Empfinden endet.

Das was bleibt
Ist das leere Bett
Und seine Stimme auf dem Anrufbeantworter

Und sie gibt sich einen Zeitplan
Um entweder nach drei Wochen
Oder dreizehn Jahren
Wieder jemanden so nah zu lassen
Der die Blumen verbrennen kann.

Ist Zivilcourage wirklich ein Auslaufmodell
Und ist das sich öffentlich Positionieren
Nicht gleichzusetzen
Mit einer Bestrafung
Im Mittelalter als man Gewichte an die Füße bekam
An den gefesselten Händen aufgehängt, so dass der
Körper schmerzhaft in die Länge gestreckt wurde.

Wenn man gegenüber dem Licht
Unempfindlich ist
Begreift man nichts
Und immer wieder der Satz.
Sie hatte den bösen Blick.

Die Augen wurden mit einer Maske verhüllt
Ob Gehängter oder Scharfrichter
In dem Moment waren beide eins.
Nur drei Löcher um Mund und Augen.
Aus der Scheu vor dem Fluch
Bittet der Scharfrichter um Vergebung.

Auf das Danach kommt es an
Und danach kam nichts.
Die Striche mit der Kreide wurden zu einem Zaun
Und sie begann um ihn zu weinen
Immer öfters
Und immer intensiver
Während des Drehens einer Zigarette
Oder der Selbstbefriedigung vor dem Spiegel.

Er war doch so ein Durchschnittsmensch
Mit durchschnittlicher Begabung
Und durchschnittlichem Appetit
Er hatte durchschnittlichen Humor
Und durchschnittliche Träume.

Er war jemand der sich öffentlich umbringen könnte
Ohne dass jemand sonderlich Notiz davon nahm.
Er hatte ein durchschnittliches Aussehen
Und wenn er an der Bar saß
Ignorierte man ihn des Öfteren.
Nur Dagmar mit den Tätowierungen
Fand seine Augen, Nase und Mund interessant

Sie hatte den bösen Blick.
Trotzdem gewährte sie ihm die Henkersmahlzeit

Heute 18:20
Zehn Jahre später

Da löschte er eines Tages
Seine ganzen Konten
Kaufte sich einen goldenen Zahnstocher
Sagte: "Ich bin Don Quijote"

Er durchwanderte Städte
Begrüßte jeden
Reichte allen die Hand

Nach einiger Zeit
Wollte er sich zur Ruhe begeben
Weil er der Wanderung müde war.
Und sie kamen von Überall
Wünschten ihm gute Besserung
Lächelten: Gute Genesung.

Er wurde gesund
Ging wieder auf Wanderschaft

Sagte: „Ich bin Don Quijote"
Seinen Zahnstocher suchte er aber vergebens.

Heute bereist er wieder die Länder
In Irland verschweigt er
Dass er ein Katholik ist, er fürchtet
Um sein Leben.

In Frankreich verschweigt er
Dass er nichts gegen Schwule hat, er fürchtet
Um sein Leben.
In Italien verschweigt er
Dass er in Palermo geboren ist, er fürchtet
Um sein Leben.

In Griechenland verschweigt er
Dass er in Deutschland
Auf einer CDU Veranstaltung
Angela Merkel so nahe war
Dass er ihr Haarspray riechen konnte.

Heute 19:20
Eine Unruhe breitet sich aus
Orientierungslosigkeit
Hände und Füße erkalten
Sein Puls kaum noch vernehmbar
Er denkt an die Sportwetten die er nie gewann
An Jenny die er mal haben konnte
Und an das was ihm mal ein Pfarrer sagte.
"Auch in der Finalphase" ist es niemals zu spät"
Er versuchte dem Ton des Fernsehers zu folgen
Und es ward im klar
Dass er niemals eine Jungfrau besessen hat.

Heute 20:15
Herzschlag und Atmung haben bald Schlussakkord
Er fragt sich ob sein Hirn noch funktioniert
Und stellt fest
Dass er die Wurzel von 81 errechnen kann
Wann hat Charly gesagt würde er noch einmal
kommen
Vielleicht sehe ich ihn noch einmal
Sagt er und erkennt
Das es nur ein vegetativer Zustand ist
Oder einfach die Angst des Loslassens

Der Einkaufswagen seines Gedächtnisses ist leer
Er hatte intensiv gelebt
Und er dachte an El Greco
Dessen Gebeine verloren gingen
Der Losverkäufer packt seine Tasche
Und der Anhalter beschließt die Reise abzubrechen
Um Werke von Charles Baudelaire zu lesen.

Er fragte sich ob er sein ganzes Leben
Ein ständiger Verlierer gewesen war
Niemals in der Lotterie gewonnen
Niemals im Kino neben einer Sexbombe gesessen
Immer die Hausschlüssel verlegt
Ständig eine leichte Influenza in sich
Und jedes Mal wenn er bei McDonald´s
Auf dem Klo saß
War kein Toilettenpapier vorhanden.

Manchmal fuhr er in der Nacht
Mehrere Runden durch die Altstadt
Um das Gefühl zu haben
Einmal dieser Stadt vorstehen zu können.

Herzschlag und Atmung haben bald Schlussakkord
Er weiß es noch nicht
Da er die Reise nach Ithaka plante
Um mit Odysseus richtig einen drauf zu machen.

Oder Ioannis Metaxas Geburtshaus zu besuchen
Und zuzuhören wenn er Sein „Nein" deklariert

Hellas wurde somit 1940 kein Satellitenstaat
Und Metaxas wurde zum Helden
Der 28. Oktober lebt weiter
Allerdings nur in den Herzen der Armen.
Heute ist Griechenland
Bedingt durch den Machtwahn der Banken
Zum Hanswurst der Oligarchie geworden.

Herzschlag und Atmung haben bald Schlussakkord
Charly kommt mit einer Flasche Wein
Er schenkt jedem ein volles Glas ein.
„Lass uns die Stadt evakuieren"
„Lass uns verschwinden solange wir noch können"
Jemand aus dem Nachbarhaus betätigt die
Klospülung.
Ein anderer schreit auf der Straße
Und auf dem Syntagma-Platz
Kommt die griechische Seele auf das Schafott.

Heute 20:20
Es ist vollbracht
Vater, in Deine Hände lege ich meinen Geist.

Die unsichtbare Grenze der Seele

1.

Geliebte, sicher werde ich einige Stunden brauchen
Um Dir alles zu erzählen
Was mich gerade bewegt.
Vorm Altern hatte ich nie Angst
Und ich stelle mir jetzt vor
Ich würde Dich beim Schlafen beobachten
Und dabei die Nächte zählen,
Die wie Gedankenzeichen
Die Jahre rekonstruieren.
Ich fürchte Dir niemals gerecht zu werden
Und im Gegensatz zu der Einsamkeit
Erhebt sich eine Gewissheit zum Protest.
Dass das Telegramm des Zauderns
Niemals ankommen wird.

2.

Es spielt keine Rolle sagte sie
Wir haben die Kriege verloren
Die Afrikaner lernen Quadratwurzeln errechnen
Und Du, der einsame Bierkutscher
Schaut aus dem Schaufenster
Den Tänzerinnen zu
Die gerade ihre Büstenhalter zurechtrücken.

Es spielt keine Rolle sagte er
Meine Liebhaber sind alle tot
Die Tagebücher verbrannt
Und die Rabbiner verstecken sich
In der Sakristei
Basmati Reis wird als Beilage gereicht
Und es gibt kein Erwachen mehr.

Die Afghanen rasieren sich unter der Kuppel
Die Millionäre entziehen Steuern
Der Chefarzt ist korrupt
Und der Gestank der Hinterhöfe bestialisch.
Alles verwandelt sich in Asche
Alles ist eine Verlockung
Deine Augen allein, bloße Verführung.

3.

Gernika wurde von Deutschen zerstört
Dresden durch die Amerikaner.
Die Japaner besetzen die Sushi Bars
Und altgediente Militärs
Sind heute Einparker im Schloss Hotel.

Ich gestehe freiwillig
Dass meine Liebe niemals durch Rasierklingen
Die Legitimationskarte erbitten wird.
Liebe mich weil alles möglich ist.
Solange es einen Dreizehnten des Monats gibt.

4.

Kurz vor dem Abspann
Verspürte er den Drang
Noch einmal pinkeln zu gehen.
Dabei hat er den Schluss des Films verpasst
Und der Mörder ist entkommen.

Tröstlich dass seine Träume längst gestorben sind
Tröstlich dass es keinen Abschied gibt
Lediglich die Leidenschaft der Heuchlerin
Die wie Unkraut die Sinne betäubt.

Wenn er noch leben würde
Wäre der Name Freiheit
Ein Artefakt der Begeisterung
An Hakenkreuzsymbole.

5.

Sie kuscheln aneinander
Jetzt schon elf Jahre.
Sie besuchen die Dunkelheit
Und erahnen all das
Was andere erleben.

Sie sagen sich gute Nacht
Und die Nachtreise beginnt.
Sie öffnet die Tore vom Kaufhaus
Und er die der Träume
Sie findet Lauch und frische Petersilie
Und er einen Sonnenuntergang am Mittelmeer.

Als er nachts aufstehen muss
Unterbricht der Drang zur Toilette
Seine Reise nach Kythera
Er kommt an dem Wäschekorb vorbei
Und sah ihren Büstenhalter der achtlos da liegt

Als er sich wieder dem Schlaf nachgibt
Ist Agamemnon schon da
Odysseus hatte sich telefonisch entschuldigt
Und der Henker schaut ihn erwartend an.

Sie kuscheln aneinander
Jetzt schon elf Jahre
Und er stirbt jede Nacht denselben Tot.

6.

Heute Morgen
Aber erst nach dem Kaffee
Sagte ich mir,
Dass die Dorfbewohner Dir unrecht tun.

Ich wollte neu geboren werden
Um Dich noch einmal als Kind zu erleben
Und mit einer Packung Taschentücher
Gemeinsam noch einmal Titanic in 3D zu sehen.

Heute Mittag
Aber erst nach dem Nachtisch
Sagte ich mir
Dass die Leute im Park merkwürdig ausschauen

Und da ich neu geboren war
Sah ich wie sich im Rinnstein ein
Lavastrom von Fäkalien ansammelte
Die Vorstellung hatte angefangen.

Heute Abend
Aber nach dem Abendmahl
Wurde mir klar
Dass ich die dreißig Silberlinge verloren hatte.

7.

Die Spielregeln sind so simpel:

Die Brücke haben wir erobert
Also verteidigen wir sie.
Das Schwein ist geschlachtet
Also grillen wir es.
Die Bücher sind geschrieben
Also lesen wir sie.
Die Theaterkarten sind gekauft
Also sitzen wir sie ab.
Die Kleider ausgezogen
Also lieben wir uns.

Wahnsinn dieser Pragmatismus.
Kommen wir zum nächsten Tagespunkt:

Griechenland haben wir erniedrigt
Also lassen wir es bluten.
Die Politiker haben wir gekauft
Also sollen sie jetzt was tun
Die Übungen gelingen perfekt
Also ziehen wir das Bajonett auf.
Die Menschheit ist auf dem Notenständer
Einer traurigen Weise

Wahnsinn diese Einfachheit ....
Ober, noch zwei Bier !

8.

Er hatte es sich fest vorgenommen eine
Katastrophe zu planen.
Ein Katholischer Prediger stand ihm zur Seite
Eine Apostolische Nervenärztin
Vervollständigte das Trio.

Aus der Kammer seiner
Makellosen Erinnerungen
Hatte er alles entfernt.
Die Frau die er heiraten wollte
Den Job um den er sich so bemüht hatte.

Die Erleichterung
Erzeugte das Glücksgefühl der Dichtung.

Als Sinnspruch stellte er sich
Ein einfaches „Warum" vor
Und im Reagenzglas seiner Gedanken
Sah er die Revolution blühen.

Und es vergingen siebzehn Tage
Bis der Brief kam.
Er öffnete sich eine Flasche Bier
Trank geduldig und sah wie im Hinterhof
Drei Kinder Fußball spielten
Und sein Plan endete inmitten der vierten Seite
Seines Tagebuchs.

9.

Stets Nachdenklich
Fast Melancholisch und Schwermütig
Sind Deine Augen seit diesem Sommer
Wo ist Dein Herz geblieben
Dieses Feuerwerk an Ideen.
Stets Warst Du zum Vulkan unterwegs
Kein Hurrikan konnte Dich aufhalten
Jetzt genügt Dir nur noch die Parkbank
Und Du beobachtest durch das Gebüsch
Die Leiden der Passanten.

Komm zurück
Und betätige die Giftspritze
Die Dir übernächsten Montag
Zugesichert ist.

10.

Am Nachmittag des vierundzwanzigsten
Sonntags war es glaub ich
Kam der Anruf
Fast gleichzeitig mit dem Wäschepaket.
Am Samstag darauf
Das Blutgetränkte Kleid.

Sieben Jahre können eine Ewigkeit sein
Wenn die Kommunikation fehlt
Und Dein Erscheinen ist wie erahnt
Die Poesie eines Luftleeren Raums
Zwischen den Ritzen der Mauer.

Am Nachmittag des vierundzwanzigsten
Er war doch an einem Montag
Jetzt weiß ich es ganz genau
Als Dein Schweigen aus der Schattenwelt
Das Glück der Melancholie gebar.

11

„Ich Dich auch"
Sagte Sie und legte den Hörer auf.
„Wer war es?"
Sagte die Stimme die unter ihr lag
„Niemand" sagte sie
„Es war nur die
Vergangenheit die die Gegenwart überholt."

12.

Retrospektive ganz in blau
Gesichter und Farben
Sie kommen und gehen
Wie Liebhaber der Vergangenheit
Ein Hin und Her
Augenblicke und doch ein ganzer Herbst.

Zurückgelegte Strecken
Ungenutzte Chancen
Und immer wieder eine Stimme
"Bereust Du es?"

Ankerlose Schiffe
Zifferlose Uhren
Emotionen die es nie gab
Traurigkeit und endlose Strände
Geschmacksverstärker der Bitterkeit
"Bereust Du es?"

13.

Sie hatte im Garten zu tun
Die letzten Jahre hatte sie immer im Garten zu tun
Da kam der Anruf aus Thessaloniki
Die Stimme sagte: " I adelfi sou pethane"
Sie verstand so viel griechisch
Dass sie "Schwester" und "Tot" verstanden hat.
Nach neun Monaten Atemstillstand
Sprach sie ihr Mann wieder an
"Was ist passiert"
"Veronica ist gestorben" sagte sie
„Ich muss nach Griechenland"
Und er begleitete sie
Zum ersten Mal nach so vielen Jahren
Haben sie wieder gemeinsam was unternommen
Sei es auch nur einen Menschen zu begraben.

Der Sargdeckel lag vor der Haustür
Im kleinen Wohnzimmer tummelte sich
Das halbe Dorf
Veronica lag Mitten im Raum
Weihrauchgeruch
Aber er, ihr Otto, war bei ihr.

Achtunddreißig Jahre Ehe
Drei erwachsene Töchter
Vier Enkel
Und eine ganz große Menge Einsamkeit.
Das letzte was sie gemeinsam unternommen haben
War die Taufe von Melanie vor zwei Jahren
Ansonsten Aufstehen
Frühstück
Garten und Nebeneinander leben

Klagelieder wurden angestimmt
Ein Pope sagte etwas
Es klang nach einem Gebet, sie verstand nicht viel.
Veronicas Mann war seit sie ihn das letzte Mal
Gesehen hat
Um Jahrhunderte gealtert

Drei Tage nach der Beerdigung
Es war der Erste Januar
Flogen sie wieder zurück.
Otto und sie erlebten trotz dem traurigen
Ereignis ein Glücklich sein das sie verdrängt hatten.

Das Herz begann aus dem Rinnstein
zurückzukehren
Der wesentliche Bestandteil des Lebens
Ist die Liebe
Und beide spürten wie sie wieder lebten.

An diesem Nachmittag
Des Ersten Januars erlitt er einen Herzinfarkt
Und verstarb noch in der Wartehalle
Des Flughafens

In jener Nacht erschien er ihr im Traum
Sie hatte im Garten zu tun.

14.

Das Paradies hatte Verspätung
Und zwischen Plastiktüten und
Dem Aroma von Alkohol und Lippenstift.
Eine Million ungeschriebene Liebesbekenntnisse
Die in der Mannighaftigkeit
Der nie abgesandten Liebesbriefe verpuffen.

Gestehe
Und ich zeige Dir das Gesicht des Mörders
Der seine Abschiedsrede schreibt.

Die alten Bouzoukiklänge sind wieder da
Die von Freiheit und Arbeitslosigkeit sprechen
Von nie erfüllten Träumen und einer Liebe
Die als Grabmal endet.

Das Paradies verspätet sich
Lass uns dieses suchen.

15.

Sein Vergnügungspotenzial
Bestand darin der Katze einen Tritt zu geben.
Das machte ihn zum Mann
Das gab ihm den Kick, den er brauchte.

Gegen Mitternacht ging er zum Park
Urinierte auf der Kinderschaukel sitzend
Und wippte sich glücklich.

Musik berührte ihn enorm.
Sie musste schrill sein und laut
Laut und Schrill
Und wenn leichter Nebel aufkam
Dann wusste er
Dass er der unsichtbare Rächer ist.

So begann er seinen Feldzug
Da er sich für seine Familie schämte
Weil alle seiner Meinung nach
Freitagsmenschen waren.

Seine Lieblingsspeise war
Warmer Fleischkäse
Und bevor er aus dem Haus ging
Zog er die Baseball-Mütze an
Und die Verkleidung zum Supermann
Ist gelungen.

16.

Als er noch ein Junge war
Lernte er eine Frau kennen.
Er nannte Sie „Traum 37"
Weil sie gerade ihren 37. Geburtstag feierte.
Für Sie war es nur eine Stunde Spiel.
Besoffen und fast im Delirium
Ließ sie es sich über sich ergehen.

Seine Tränen waren aus Weihrauch
Und bis zu seinem Todestag
Fast zwanzig Jahre später
Sah er sie fast allnächtlich im Traum
Weggeworfene Erinnerungen
Pulsierende Körper
Purpurnes Kerzenlicht

Sie war sein „Traum 37"
Und die Menschenmenge erhob sich
Zu einer Gedenkminute
In jener Nacht ist er zum Mann geworden

17.

Die Wahrscheinlichkeit von einer Möwe
Angeschissen zu werden ist höher
Als der Sturz vom Glockenturm.
Und somit überquert er die Straße
Wenn die Fußgängerampel auf grün
Und die Straße beidseitig gesperrt ist.

So hat er auch sein zweites Kind gezeugt
Aus Angst, das Erste würde unerwartet sterben.
So kauft er Lebensmittel ein
Aus Angst der dritte Weltkrieg könnte beginnen
Und so holt er nachts kurz nach drei
Mit dem Fahrrad
Seine Frau von ihrem Liebhaber ab
Aus Angst sie würde Benzin vergeuden.

Er hat Genug
Als er begreift
Dass Angst vorm eigenen Schatten
Selbstmord bedeutet.

18

Da kommen sie wieder
Die Neureichen aus dem Vorort
Organisieren Weinproben
Und bevorzugen Bordeaux statt Retsina.
Halten sich Exotische Tiere im Garten
Und lassen in ihrem Personalausweis
Als Beruf: "Manager" eintragen.

Sie haben innerhalb von Monaten vergessen
Dass sie alle Klausuren abgeschrieben haben
Dass sie Autos fahren
Die Zwanzig Liter verbrauchen
Und die vierte Eigentumswohnung
Auf Palma gekauft haben.

Unter der Sonne lassen sie sich bräunen
Und die Haushälterin darf niemals Schlüpfer tragen.
Da sie darin
Die unsichtbare Grenze der Seele vermuten.

19.

Als es an der Anzeigetafel 3098 zu 3096 stand
Fragte ich meinen Nachbarn was das für
Eine Veranstaltung war.

"Bist Du blind Mann" sagte er
Wir haben 3096 Mann verloren der Gegner 3098

Das war der
Sprachloseste Augenblick meiner Zeit
Und das Schlachtfeld färbte sich rot.

20.

"Appalisches Syndrom" sagte der Arzt
Sie schaute verwirrt
"Wachkoma" murmelte er
Und weil es Vorschrift ist
Lies er sie einige Unterlagen unterschreiben.
Wie ein Fisch im Netz
Ein Adler ohne Flügel
Lag ihr Ehemann
In den Fesseln seiner Erinnerungen.

Waren Tage erst vergangen
Oder sieben Jahre
Er wusste es einfach nicht.
Er lag da, lies sich durch Sonden ernähren.
Eine neue Ordnung
In einer neuen Welt
Getaucht in ordinäre Farben.
Weil es Vorschrift ist.

Manchmal sagte der Arzt
Ist Zweck und Funktion mancher Menschen
Sehr suspekt
Und er, der da lag dachte sich
Dass es viele Arten des "Doofseins" gibt
Fast so viele Variationen
Wie Möglichkeiten für einen Selbstmord.

Er lag im Zimmer 777 c was zwischen den
Räumen 58b und 13e zu finden war.
Und die Endlosschleife des Fernsehers
Zeigte erneut den Crashkurs
"Medizin für Zurückgebliebene"
Weil es Vorschrift ist

Er konnte Musik vernehmen
Sehr melodische Musik
Und würde so vieles dafür tun
Um den letzten Brotkrümel
In der Bratensoße zu ertränken
Und genüsslich den Gaumen zu erfreuen.

Und seine Frau streichelte ihm
Die Schweißtropfen von der Stirn
Versuchte das Bett zu glätten
Und lächelte ihn an
Ein majestätisches Lächeln
Man sollte sie zur Königin ernennen.

Die Metzgereifachverkäuferinnen haben
Den Feierabend verdient
Und die Handgranaten lagern im Handschuhfach
Neonlichter blenden
Die Liebesdienerinnen bei ihrer Arbeit
Und der alte Banker furzt lautlos
Während seine Sekretärin den Tee serviert.

Für Depressionen ist es jetzt zu spät
Die Zuschauerränge sind brechend voll
Mögen die Spiele beginnen.

21.

Ich möchte Deine Träume lesen
Deine alten Träume
Als Du noch jung
Deine jetzigen Träume
Und die Träume die Du noch nicht geträumt hast.

Wenn man etwas nicht sieht
Heißt es nicht
Dass es nicht existiert
Und ich sende Dir eine Email
Mit lauter Ausrufezeichen
Sind schon Fünfunddreißig Jahre vergangen?

Ich sehe Dich wie früher
Eigentlich sehe ich Dich immer wie früher
Nur Du siehst Dich anders
Ich sehe noch das hübsche Gesicht
Und die bestimmenden Augen
Sehe die blühende Jugend
Und höre uns pfeifen
Stundenlang die Schlager.
Es gab damals nur das Radio und uns.

Das offene Fenster war der Kühlschrank
Und alles was wir brauchten war die Nähe des Anderen
Und Du fragtest hast Du die Tauben gesehen
Und ich sagte ja
Und Du fragtest hast Du die Rosen gesehen
Und ich sagte ja
Aber ich kümmerte mich nicht um Tauben
Mich interessierten keine Rosen
Du warst der Mittelpunkt

Und die Jahre wurden poröser
Und wir ähnlicher

Und wenn ich in Deinen Träume lese
Da finde ich die versteckten Wünsche
Paul Newman hat sie gefunden
Als er Elisabeth Taylor suchte
Auf heißen Blechdächern
Oder zwischen Bougainvillea Sträucher.

"Siehst Du" hörte er sie sagen
"Siehst Du, Du willst Dich nicht ändern"
Und die Anzahl der Träume schwindet
Die alten Träume sind archiviert
Die jetzigen Träume im Wasserglas
Und die zukünftigen zwischen Rasierklingen.

22.

Das Schweigen aus dem Hörer
Zweifellos bist es Du

"Lass mich Dich umtaufen" höre ich jemanden rufen
"Ich will dich umtaufen, auf den Namen Hoffnung"
Zweifellos hat derjenige noch die Kraft
An Menschen zu glauben.

Als ich Dir den langen Brief schrieb
Kam als einzige Antwort ein: "Danke"
Wie eine vorgesungene Drohung
Und das Warten wurde zur Bestimmung.
Irgendwo werden die Operationen vorgeplant
Und als offizielle Nationalhymne
Nimmst Du Maheritsas: O palios Stratiotis

Wir treffen uns hinter den Ruinen
Und das Schattenspiel beginnt mit einem Kuss
Zweifellos wird es erfolgreich sein.

Meistens kommt alles
Zur falschen Zeit
Du jedoch keine Sekunde zu spät
Du gabst mir Unterkunft und Verpflegung
Und vor allem
Absolution

Draußen fahren Autos
Und Du liest mir Liebesbriefe vor
Die Zweifellos von mir noch geschrieben werden.
Der Mond ist doch viel näher
Als der vergessene Kummer.

Dein Gerechtigkeitssinn ist gut justiert
Und als Erklärung warum ausgerechnet
dieser Chinese Dein Lieblingschinese ist
Sagst Du: "Er hat Tische aus Mahagoni"

Dem alten Diskjockey geht die Puste aus
Es war abzusehen wie lange er es noch macht
Und Du ergreifst das Mikrophon
Ohne Wehklagen
Die Musik hört auf
Die Rausschmeißer betreten die Bühne
Zweifellos Majestätisch

Es war das bekannte Schauspiel
Die Lyrik ist in Unterzahl
Popcorn wird als Hostie verteilt
Und der Eremit verpflichtet sich
Die Top 100 der Charts zu erlernen.

Menschen und Hirten
Vielfalt und Klaustrophobie
Ein Kreislauf im Wasserglas
Katzantzakis erschien mir im Traum
Und pflanzte im Garten einen Rosenstock.

Die ganze Welt steht Kopf
Und wartet auf den dritten Weltkrieg
Ich dagegen warte auf Dich
und Zweifellos wird dieser Abend wieder
Eine Sommerbrise der Liebe.

23.

Wenn ich die leuchtenden Körper sehe
Und den Minister im Fernsehen
Wenn ich das Schweigen der
Liebenden höre
Und die sanften Hinrichtungen
Wenn ich die Flammen beobachte
Und die Drogensüchtigen
Sehe ich die alte Frau
"Wahrsagerin" stand auf ihrem Zelt
Und mir wird bewusst
Dass es immer ein Verlustgeschäft ist
Zu leben.

24.

Klar bist Du willkommen
Bring Deinen Kaffeebecher mit und die Anleitung
Zur Reparatur der alten Schreibmaschine.
Komm einfach rein und lass Dich nicht stören
Auch nicht von den Demonstranten
Die ab und zu vorbei schauen.

Stört Dich nicht diese unangenehme Leichtigkeit
Zwölf Hundeleben hat es gekostet
Bis die Bärenfalle richtig funktioniert
Achte darauf wenn du kommen willst.

Naja, Du siehst mich Großzügig
Bist vorsichtig, weil irgendetwas nicht stimmen kann
Und nimmst Dir vor
Unbedingt den Wasserhahn zu reparieren
Oder dem Krokodil einen Zungenkuss zu geben.

Klar bist Du willkommen
So wie Du aussiehst brauchst Du jemanden
Der zuhört
Oder Dich einfach akzeptiert
Um am nächsten Tag
Dich daran zu erinnern
Wo das Silber versteckt ist.

Lass die Lethargie beiseite
Und erkenne die alltägliche Liebe.

25.

Sein Lieblingsessen war
Garnelen in Zwiebelsosse
Danach karamellisierter Marmorkuchen
Und ein Rote-Beete-Sorbet.

Er wollte mit " Mein Prinz" angesprochen werden
Urinierte stets zu jeder vollen Stunde
Und träumte davon
Einen Hundesalon in Athen zu eröffnen.

Zu jeder halben Stunde
Schrie er aus dem stets offenen Fenster:
" Ihr alle seid Kreaturen der Sehnsucht"
Um dann seinen Melonentee zu trinken.

"Die Zeit ist reif für die Herrschaft des Mannes"
Schrieb er in sein Tagebuch
Just an dem Tag
Als er sich ins Krankenhaus begab
Um die Geschlechtsumwandlung vorzunehmen.

Sein Lieblingsessen war
Garnelen in Zwiebelsosse
Und nach der Umwandlung
das Selbe zusätzlich mit einem Löffel Sahne.

26.

Einen Fetzen Himmel
War alles was er sah
Ansonsten arbeitete er in der Bibliothek der Anstalt.

Er wollte ein Buch schreiben über die Lehren
Der Einsamkeit,
Des Selbstmitleids.

Er lernte wie Richard Widmark zu gehen
Humphrey Bogart zu sprechen
Gregory Peck nachzueifern
Und wie Cary Crant zu lächeln.

Den Akt des Schreibens wollte er erlernen
Rührende Schlager verfassen
Herz / Schmerz sollten sich mit
Hirnhautentzündung reimen
Aber es reichte meistens nur
Für zwei Zeilen
Jetzt schon seit sieben Jahre
Tag für Tag die gleichen zwei Zeilen

Erstarrung in völliger Leere
Und sonntags wenn seine Mutter kam
Ließ er sie diese Zeilen lesen
Und sie war so stolz auf ihn
Und umarmte ihn
Und küsste ihn
Und als sie sagte:
"Bis nächste Woche mein Junge"
Erwiderte er
"Schau mir in die Augen Kleines"

27.

Die Seltsamkeit des Seins
In den Kerkern der Militärpolizei
"Nehmen Sie uns das nicht übel"
Sagte ein Oberst der die Voltzahl hoch drehte
"Vielleicht sind wir morgen Freunde".

Die Menschlichkeit liegt im Staub
Und die Titelgeschichte ist längst geschrieben
Christen gegen Christen
Menschen gegen Menschen.

Irgendwie ist der Mechanismus fest geschrieben
Pathos wird zelebriert
Und die Besucher freuen sich
Auf den Ouzo danach.

Die Grenzen die wir überschreiten
Sind Kreuzungen der Ordnung
Eine Ordnung die notwendig erscheint
Die Macht aufrecht zu erhalten.

Diese Grenzen sind real
Prosaisch ist lediglich das Himmelbett
In dem sich der Folterer hinlegt
Mit der Gewissheit
Sein sadistisches Experiment sei gelungen.

Das Schweigen ist zur Landessprache geworden.

28.

Er wollte das Triangelspiel
Oder Mandarin lernen.
Er wollte zum Mount Everest
Und mindestens zwei weitere Achttausender
Bezwingen
Er wollte mit Paris Hilton tanzen
Und mit Tarzan Elefantenjäger jagen.

Er wollte Mitten in eine Dönerbude kotzen
Und einmal das Hemd von Bob Dylan bügeln
Mit Harrison Ford einen Film drehen
Und einen Tag lang Krokodile füttern
Er wollte Lateinamerikanische Tänze erlernen
Und ein Fußballspiel im Maracana erleben.

Er wollte in den Matala-Höhlen schlafen
Und auf dem Olymp Athene begegnen
Er wollte 21 Kilometer
Die chinesische Mauer durchwandern
Er wollte einen Menschenfresser sehen
Und mit Hemingway über
Das kurze glückliche Leben von Francis Macomer
Eine Woche Diskutieren

Er wollte mit Orpheus singen
Und "Deutschland sucht den Superstar" verbieten
Er wollte diese Krankenschwester
Die ihn jeden Tag füttert zur Millionärin machen
Er wollte sie einmal fragen können
Wo sie geboren ist
Und ihr einmal die Vertrautheit schenken
Bevor sie von der Trostlosigkeit vernichtet wird.
Er wollte einmal wieder die Sonne sehen
Das Meeresrauschen vor Kreta hören
Seit er im Rollstuhl sitzt
Ist er von einer unersättlichen Neugier erfasst.
Seit er im Rollstuhl sitzt
Kann er gehen.

29.

Fünfundvierzig Jahre
Drei Monate
Siebzehn Tage
Er erhielt vom Direktor eine Urkunde zum Abschied
"Dem verdienten Mitarbeiter" stand darauf.
Das Häuschen war bezahlt
Die Frau vor drei Jahren verstorben
Die Kinder weit verstreut in Europa
Am nächsten Tag leerte er sein Bankkonto
Dreihundertdreiundzwanzig Tausend
Siebenhundertzwölf Euro

Vor der Bahnhofskneipe spendierte er Freibier
Für alle die umherlungerten
Kaufte sich eine Flasche Mouton Rothschild 1945
Für über Zwanzig Tausend
Und aus einem Zoogeschäft alle Wellensittiche

Dem blinden Bettler
Kaufte er ein IPad
Und dem Taubstummen einen Mp3 Player
Den pädophilen Prediger schleppte er
In einem Schwulen Club
Dem Wohnungslosen der Zeitungen verkaufte
Schenkte er ein Abo der Staatsoper.
Der Bürgermeister wurde begrüßt mit
"Wenn Du einmal auf dem Marktplatz Sirtaki tanzt
spendiere ich dem Stadtpark neue Sitzbänke"

Für das Hospiz gegenüber der Kathedrale
Organisierte er ein Pink Floyd Konzert
Und einem Zirkusdirektor kaufte er
Alle Karten für die Abendvorstellung ab.

Dem Aidskranken Jungen
Kaufte er eine Eisdiele leer
Und den Goldfischen im See
Zwanzig Kilo Fischfutter

Er organisierte bei der Volkshochschule
Drei Jahre Sprachkurse für den arbeitslosen Lehrer
Und der Ärztin die am Wochenende kostenlos
In der Barackensiedlung von Thessaloniki weilt
Ein mobiles Krankenhaus.

Er bestellte vierhunderttausend Lesezeichen
mit der Abbildung von Katzantzakis
Und zahlte einem Klimaforscher Drei Monatsgehälter

Er führte Haartransplantationen
für Glatzköpfige durch
Und Brustverkleinerungen für die Anderen
Er zahlte Tausend Euro jedem
Der einem Börsenmakler in den Hintern tritt
Und eine Dauerkarte für die ersten Hundert
Die das 1893 Lied kannten.

Und dann legte er sich in sein
King Size Bett
Und wünschte sich im Traum
Eine Atombombe basteln zu können.

30.

Wie benutzt man die Seele
Fragte sich die alte Frau, inzwischen über neunzig.
Sie hat ihre Eltern beerdigt, ja sie waren alt.
Sie hat ihren Mann beerdigt, er war krank
Und ihre drei jüngeren Geschwister
Waren auch schon tot.

Eine Seele darf nicht ermüden
Sagte sich die alte Frau
Und da verunglückte ihr jüngerer Sohn
Und sie blieb allein
Mit den Erinnerungen und Michalis
Sie liebte ihn, er war das Einzige
Was ihr geblieben ist
Für alle anderen jedoch
War er ein Arschlochsohn

Die Sehnsucht wird zur Legende
Und der Brunnen ist längst zugemauert
Das offene Herz eine Ruine
Und die Suche ein ewiges Erwarten.

Vierhundertachtzig Euro Rente
Einhundertfünfzig für die Miete
Einhundertzwanzig für Strom und Telefon
Mit dem Rest von knapp Dreihundert
Könnte sie leben wie eine Königin.
Der Arschlochsohn jedoch beklaut sie täglich.

Und der Weg ist ihr Ziel
Der Weg zum Grabmal und zurück
Der Weg ist ihre Zeit
Der einzige Weg ihrer restlichen Zeit
Flüchtlinge und Diebe
Reden über die Politik
Müde Worte werden verlesen
Und man trinkt kretischen Raki aus Wassergläsern

Sie war noch nie in Mexiko oder in Ägypten
Sie kennt sich jedoch in Demut aus
Und in den Träumen der Suchenden
Die Träume der Liebenden sind längst ausgeträumt

Der stetige Südwind macht sie traurig
Und die Helden sterben auf der Leinwand
Unbarmherzig.
Die Marmorplatten auf dem Grab
Werden mit Spülmittel gereinigt
Die Seelen jedoch bleiben haften.

Aus der Ferne sieht man ein Kleinkind
Mit einer Laterne die am Erlöschen ist
Die Lieder klingen alle so anders
Und die unendlichen Nächte unendlicher.

Die Abenteuer stehen Schlange
Und stumme Abmachungen
Werden mit Blut besiegelt.

Und die alte Frau hat jetzt drei Tage keinen Strom
Ihr Arschlochkind war wieder in Action
Und da der Strom abgestellt wurde
Muss erst ein Strafgeld bezahlt werden.
Dass der Herd nicht geht stört sie nicht
Sie isst ja täglich nur ein Glas Kondensmilch
Mit Zwieback, den sie eintunkt

Die Tränen sind getrocknet
Die Diamanten zu Staub
Und das Mysterium des Lebens
In den Katakomben aufgegeben

Das perfekte Nichts ist erreicht
Und man zeigt ihr helle Farben
Die sich in ihren Händen in Schwarz verwandeln

Die Sonne ging früher im Osten auf
Jetzt ist sie noch in Museen zu bewundern
Und wenn sie ihre Hände an die Scheibe hält
Zeichnet der Nebel ihr Abbild.
Und wenn der Aprilregen kommt
Fliegt sie in fremde Himmel.
Weil sie so viele Lieder über Schwalben hörte
Die von Koujoumzis vertont wurden

In Golgatha hat sie Jesus drei Mal verleugnet
Und die Kerker der Seele
Haben keine Vorhängeschlösser mehr.
Die Mauern stürzen ins Mittelmeer
Und sie sucht den jungen Fischer
Der vor Siebzig Jahren hier lebte

Die Nachbarin hat einen Teller Spinat gebracht
Die Andere zwei Tomaten
Der Postbeamte einen Zahlschein
Weil der Arschlochsohn in ihren Namen
Irgendetwas für seine Gespielin bestellt hat.

Und wenn der Sendeschluss naht
Fragt sie sich ob das Heute
Ihr letzter Tag ist
Und schließt die Augen
Die Sehnsucht ist Legende geworden.

Und sie hört die Schiffssirenen
Von Schiffen die kommen und gehen
Sie jedoch ist im Süden verankert
Und die Laternen leuchten durch ihre Kraft.

Gegrillten Tintenfisch hat sie gemocht
Jetzt ist er zu teuer
Und Baklava, mein Gott sie würde
Zwei Tage ihrer restlichen Zeit hergeben
Um noch einmal Baklava zu essen.

Oft denkt sie an Adam und Eva
Und ob diese schon mal in China waren
Gestern in den Nachrichten hat man gezeigt
Dass in China ein neuer Staudamm gebaut wurde.

Die Worte haben eine erbarmungslose Wucht
Und wenn die Nacht einbricht
Ist die Angst zu erwachen immer stärker
Und sie wird doch wach
Und da es Samstag ist schreibt sie
Auf einen Gebetszettel
Die Namen aller Verstorbenen
Die sie gemeinsam mit einer Prosfora
Der Nachbarin gibt, die damit zum Gottesdienst geht.

Eucharistie als letzte Versuchung
Und jeder Samstag wird erlebt
Wie wenn es der letzte wäre.
Der Herr der Herren neigt sich vor ihr
Und reicht ihr die Hand.

Die Schiffssirenen
Sind nur noch weit weg
Und trotzdem fordernd.

31.

Geliebte, sicher werde ich einige Stunden brauchen
Um Dir alles zu erzählen
Was mich gerade bewegt.
Vorm Altern hatte ich nie Angst
Und ich stelle mir jetzt vor
Ich würde Dich beim Schlafen beobachten
Und dabei die Nächte zählen,
Die wie Gedankenzeichen
Die Jahre rekonstruieren.
Ich fürchte Dir niemals gerecht zu werden
Und im Gegensatz zu der Einsamkeit
Erhebt sich eine Gewissheit zum Protest.
Dass das Telegramm des Zauderns
Niemals ankommen wird.

Nach so vielen Seiten bemerke ich
Dass ich Dir niemals gerecht werden kann
Die Einsamkeit ist mein Protest.
Und diese gibt es
Seit über 2000 Tage nicht mehr

Inhaltsverzeichnis alphabetisch sortiert

11	180 Zeilen
22	Andromeda Nebel über Ruinen
176	Angst vor dem Morgen
246	Aus der ewigen Sinnlosigkeit
277	Das Blau der Nacht
258	Deine Augen
311	Die 24 Stunden vor seinem Tod um 20:20
101	Die Nacht, die 24 Stunden hatte
331	Die unsichtbare Grenze der Seele
243	Du warst meine Ebbe und meine Flut
234	Ehrliche Lügen
285	Ein Arschloch hat Ausgang
110	Ein geheimnisvolles Licht
141	Ein übersprungener Tag
232	Einfache Worte
225	Es ist nicht wahr
173	Gebete
35	Gedanken um die Gedanken zu verbannen
126	Gedichte vor der Geburt
301	Griechenland liegt im Hinterhof
306	Ich erkenne dich an der Klinge
91	Irene ist tot
166	Irgendwo zwischen Realität und Traum
237	Ja, Du bist es
294	Jannis
256	Jeder Tag wird abgelebt
26	Jetzt und immer, ein ewiges Missverständnis
272	Leere Tische
7	Liebe mich, wenn Du mich liebst

208 Mythopoetisch
229 Nichts bereuen
221 Nichts, was Worte sagen können
262 Nikos Kazantzakis
214 Schwarze Felsen
211 So entstehen Gedichte
160 Teilvisum zur Vollkommenheit
144 Telepathische Mitteilungen
151 Träume töten ohne Warnung
199 Verbindlich
 16 Vergiftete Schönheit
266 Vielleicht
250 Vierzehn Sonnensysteme
204 Vordem Endspurt
195 Willkommen bei mir
 30 Wirre Gedanken dem Pathos untergeordnet
181 Wo Leben war, wird Leben entstehen
189 Zweite Natur
289 Zwischendurch

Bisher erschienen:

Jetzt und Immer
Ein übersprungener Tag
Verpasste Augenblicke
Träume töten ohne Warnung
Die Gesellschaft Deiner Seele
Ein Lächeln, das Dir wieder Leben einflößt
Na sou po….. Geschichten aus Griechenland
Griechische Wurzeln
Käpt´n Einauge im Märchenland
Griechenland liegt im Hinterhof
Vier Tage Mytilini oder Das Bewusstsein der Ohnmacht